Regenbogen der Gefühle

Kristiane Allert-Wybranietz (Hg.)

Regenbogen der Gefühle

Geschichten und Märchen

Mit Illustrationen von
Anne Bodenschatz

WILHELM HEYNE VERLAG
MÜNCHEN

Kristiane Allert-Wybranietz wird auch weiterhin unveröffentlichte poetische Texte und Gedichte sammeln. Sie freut sich über jedes neue Manuskript, das zu ihr gelangt. Die große Anzahl der bisher eingesandten Texte hat allerdings gezeigt, daß es leider nicht möglich ist, alle Originale wieder zurückzuschicken. Aus diesem Grund die herzliche Bitte: Schicken Sie Ihre Texte nur in Kopie an folgende Adresse:

Kristiane Allert-Wybranietz
Zum Horsthof 6
31749 Auetal-Rolfshagen

Copyright © 1996 by
Wilhelm Heyne Verlag GmbH & Co. KG, München
Umschlaggestaltung: Art & Design Norbert Härtl
Graphische Gestaltung: Anne Bodenschatz
Satz: Kort Satz, München
Druck und Bindung: RMO Druck, München
Printed in Germany

ISBN 3-453-11519-8

Inhalt

Elmar Tannert

Romantische Abende
bei Kerzenschein

*S*oll ich oder soll ich nicht?
Soll ich oder soll ich nicht?
Simone Freytag nahm im Rhythmus ihrer Worte einen Reiß-
nagel nach dem anderen aus der kleinen Schachtel auf ihrem
Schreibtisch. Der letzte Reißnagel sagte, daß sie sollte.

*Liebst Du Zweisamkeit, romantische Abende bei Kerzen-
schein ...*

Die Entscheidung der Reißnägel paßte ihr nicht. Sie versuchte, die Stimmung heraufzubeschwören, in der sie am Vorabend ausgerechnet diese Anzeige mit Kugelschreiberkritzeleien
umrahmt hatte und überhaupt auf die Idee gekommen war, einmal ihr Glück mit einer Kontaktanzeige zu versuchen. Tiefste De-
pression, weinerlichste Sentimentalität, dachte sie und verachtete
sich. Heute war schon wieder alles überstanden. Fragte sich nur,
für wie lange.

*Liebst Du Zweisamkeit, romantische Abende bei Kerzen-
schein, suchst Du Geborgenheit, suchst Du jemanden, bei
dem Du Dein Herz ausschütten kannst ...*

Ganz schön dick aufgetragen! Aber immerhin, ein gefühlvol-
ler Mann. Männer mit behäbigen Nilpferdseelen hatte sie schon
genug kennengelernt.

... suchst Du jemanden, bei dem Du Dein Herz ausschütten kannst ...

Wäre ja zu schön, um wahr zu sein. Meistens wollten sie doch nur ihren eigenen Müll loswerden und sandten einen genervten Blick zum Himmel, wenn es ihr selbst einmal mies ging: einen Blick, der sagte:»Jetzt hat sie wieder ihre Heulsusenlaune.«
Simone überflog noch einmal die anderen Anzeigen.

Sorry Lady, ich habe wirklich keine Lust, mir irgendeinen Quatsch aus den Fingern zu saugen, um Dich kennenzulernen. Wenn Du einen außergewöhnlichen Mann für eine außergewöhnliche Partnerschaft suchst, dann schreibe mir, wenn nicht, laß es bleiben.

Und ob ich es bleiben lassen werde.

Magst Du einen reifen Rotwein? Sonnengereift, säurearm, seidenzart, gepflegt, kultiviert, vollmundig ...

Meine Güte.

... Prädikat Auslese: Hinweis: Lagerfähig, aber bedarf einer besonders lieben, sachgerechten Behandlung, deshalb nur an sensible, weltoffene, sehr attraktive Frauenpersönlichkeit zu vergeben.

Eitler Fatzke.

An jedem Finger eine könnte ich haben, wenn ich jedes Mädel ansprechen würde, das mir auffordernde Blicke zuwirft ...

Es war wirklich zum Verzweifeln. Aber die anderen waren auch nicht besser, die »unerfahrenen, schüchternen«, die sie sich immer mit Pickeln, dicken Brillengläsern und Playboystapeln unter dem Bett vorstellte; oder die alleinerziehenden Väter, die nicht nur eine Frau, sondern auch ein Kindermädchen suchten; oder die Enttäuschten, die es anscheinend kaum erwarten konnten, die nächste Enttäuschung zu erleben; oder die mit den »gelegentlichen Treffs« und »erotischen Stunden«.

Blieben die »Romantischen Abende bei Kerzenschein«.

Nein, ich mache mir keine Illusionen, sagte sie sich, als sie die letzten Vorbereitungen zum Briefschreiben traf: Tabakkrümel vom Schreibtisch blasen, Aschenbecher ausleeren, ein Glas Weißwein einschenken. Irgendwann sind die romantischen Abende vorbei, und man geht sich gegenseitig mit genau den Eigenarten auf die Nerven, die man anfangs so liebenswert und individuell fand. Aber wenigstens für ein paar Abende ist es den Versuch wert, und wenn doch etwas Schönes daraus wird, um so besser.

Simone setzte sich an den Schreibtisch, aber noch war sie nicht in der richtigen Stimmung für einen Brief an einen Unbekannten. Sie nahm einen Schluck Wein und zündete sich eine Zigarette an; aber irgendetwas fehlte ihr.

Vielleicht Musik? Musik von der Sorte »schon lange nicht mehr angehört«.

Schubert – Impromptus. Die waren jetzt richtig! Selbst das sonore Timbre von Leonhard Cohens Stimme fand sie nicht annähernd so erotisch wie manche Stücke, manche Passagen von Schubert. Musik voll Sehnsucht nach der Unendlichkeit des Raumes, die einen auf einem Berggipfel umgibt und die man in sich aufnehmen möchte; Musik voll inniger Zartheit der Empfindung in den manchmal schüchtern tastenden, manchmal weit ausgreifenden Melodien, voll Leidenschaft in den manchmal sanft perlenden, manchmal heftig drängenden Begleitfiguren – zu dieser Musik einen Mann küssen, ihn umarmen, die Seele zu ihm fliegen lassen ...

Was aber sollte sie nun schreiben? Und wie? Auf die locker-ironische Art? Oder ein bißchen schmalzig, im Stil der Anzeige? Sie legte den Füller wieder weg.

Die Musik hüllte Simone ein, und sie schloß die Augen. Wie eine Umarmung ist die Musik, dachte sie, wie eine Umarmung ... Will ich überhaupt einen Mann?

Denk an gestern abend, ermahnte sie sich: Gestern abend hätte dir auch Schubert nicht geholfen, auch wenn er wieder auferstanden wäre und eigens für dich komponiert hätte.

Sie nahm noch einen Schluck Wein und schrieb:

Lieber Unbekannter,
aus den Abenden könnten Nächte werden – wenn wir uns mögen und wenn Du genug Kerzen mitbringst. Leider hast Du nicht viel über Dich verraten. Ich lege ein Bild bei – und damit weißt Du schon mehr von mir als ich von Dir. Wenn man bei Dir wirklich sein Herz ausschütten kann, würde ich mich sogar mit kleinen Schönheitsfehlern (außer Pickel und Bierbauch) abfinden.
Vielleicht bis bald!
S. F., Tel. 564318

Geschafft. Das war ja schlimmer als ein Bewerbungsschreiben mit Lebenslauf! Jetzt noch schnell zum Briefkasten und dann ins Bett.

Im Bett, als sie mit den Händen ihren Körper als fremden Körper ertastete, als sie mit den Händen, die sie sich als fremde Hände vorstellte, ihren eigenen Körper fühlte – da kam ihr in den Sinn: Wenn es nun zufällig einer ihrer ehemaligen Freunde wäre, der die Anzeige aufgegeben hatte und auf diese unverhoffte Weise einen Brief von ihr bekäme? Na und wenn – hat er eben was zu lachen, antwortete der Weißwein, der durch ihre Adern rollte, und sie schlief ein.

Der Brief veränderte ihr Leben, noch bevor sie eine Reaktion auf ihn erhielt.

Wie spannend, abends den Anrufbeantworter abzuhören!

Wie spannend, sich im Spiegel zu betrachten und sich dabei zu überlegen, was der Unbekannte dachte, wenn er ihr Foto ansah!

Wie spannend, die Männer zu betrachten, auf der Straße, im Bus, im Café, in der Uni, in der Straßenbahn, und sich dabei zu überlegen, ob es einer von ihnen war, der die Anzeige aufgegeben hatte!

Vielleicht war es der da, mit der weißen Jeans und dem Dreitagebart? Oder der kleine stämmige, der sich gerade eine Zigarette drehte und seinen Mund zu einer nachdenklichen Schnute verzog? Oder ...

Vor kurzem war ihr in der Straßenbahn einer gegenübergesessen, dem sie den »reifen Rotwein« zugetraut hätte. Und »Sorry Lady«-Typen sah sie plötzlich reihenweise. Warum waren manche Männer so selbstgefällig und arrogant? »An jedem Finger eine ...«

Nach zwei Wochen wich das Lebensgefühl gespannter Erwartung, das sie durch die Tage der Routine von Uni und Jobben getragen hatte, einer tiefen Resignation.

Mein Studium ödet mich an. Ich werde es zu nichts bringen, dachte sie, als sie spätabends vom Café, in dem sie als Bedienung arbeitete, nach Hause kam. Ich habe keinen Beruf. Ich werde mich mein Leben lang mit langweiligen Jobs durchschlagen müssen. Ich werde versauern und nie mehr einen Mann kennenlernen. Nicht einmal so ein übriggebliebener, der es nötig hat, eine Kontaktanzeige aufzugeben, interessiert sich für mich.

Sie sperrte die Wohnungstür auf. Im dunklen Flur blinkte ihr das Lämpchen des Anrufbeantworters entgegen.

Vielleicht ihre Eltern? »Wir wollten nur wissen, wie es dir geht. Ruf uns doch mal an, wenn du Zeit hast.«

Liebe Eltern, mein Studium wird immer interessanter, und jeden Tag lerne ich nette Leute kennen, haha, dachte sie, als sie das Band zurücklaufen ließ.

»Hallo Es Punkt Ef Punkt«, quakte eine Männerstimme vom Band, »hier spricht der Unbekannte. Schade, daß du nicht zu Hause bist. Ich wollte mich mit dir verabreden. Bist du wirklich so nett wie dein Brief und so schön wie dein Foto? Wenn du Lust hast, dich demnächst mit mir zu treffen, dann ruf mich an unter 473591. Übrigens heiße ich Matthias Klee.«

Am liebsten hätte sie sofort angerufen. Aber erstens war es fast Mitternacht, und zweitens – nur nichts überstürzen. Ein bißchen cool bleiben. Er hatte sich schließlich auch Zeit gelassen mit seinem Anruf. Außerdem war sie plötzlich nervös. Hatte sie neuerdings immer nur die Wahl zwischen Weltschmerz und Nervosität? Der Unbekannte – nein, Matthias – wie stellte er sie sich wohl vor? Wenn nun seine Vorstellung von ihr ganz anders war als sie selbst – und umgekehrt ...

... wie war es umgekehrt? Sie versuchte, aus dem, was sie kannte, aus Anzeige, Name und Stimme, ein Bild entstehen zu lassen, aber es ging nicht, und sie fragte sich, warum. Sie konnte doch keine abstrakte Liebe und Geborgenheit ersehnt haben. Ich bin übermüdet, ich kann heute nicht mehr denken, sagte sie sich, als sie ins Bett kroch. Ich werde ihn morgen anrufen – ich werde mich mit ihm treffen, und, wer weiß, vielleicht ist alles ganz einfach ...

Er würde sie gern abholen und mit ihr spazierengehen, denn dabei könne man sich am besten kennenlernen, hatte er vorgeschlagen. Simone schlich nervös durch die Wohnung und versuchte, die Zeit bis zu Matthias' angekündigtem Eintreffen mit Minimalhandlungen auszufüllen, die nach Belieben unterbrochen werden konnten. Platte in die Hülle, Buch ins Regal, Teller in die Spülmaschine.

Es klingelte, und als sie den Türöffner betätigte, versuchte sie, sich auf das Schlimmste gefaßt zu machen. Sie fühlte sich wie ein Kind vor der ersten Fahrt mit der Geisterbahn. Ihre Phantasie ließ plötzlich ein Ekel nach dem anderen entstehen, vom bleichen, verschwitzten Computerprogrammierer mit fettigem Haar bis zum solariumgebräunten Fahrlehrer mit Goldkettchen und Hawaiihemd.

Eintrat weder noch.

Eintrat groß, schlank, kräftig, schwarzhaarig und jeansbejackt ein Mann Ende zwanzig, der sie schüchtern anlächelte, doch so viel geschmeidige Ruhe und sanfte Stärke ausstrahlte, daß die Schüchternheit nur als verhuschender Moment erschien. Sie sahen einander an, und jeder von ihnen suchte nach einem passenden ersten Wort.

»Gestatten: Klee. Und wie war Ihr werter Name?«

Er nahm ihre Hand und küßte sie, und sie lachten beide.

»Freytag, wie Robinson«, erwiderte Simone. »Ich freue mich, Ihre Bekanntschaft zu machen.«

Und sie dachte: Das fängt ja ganz lustig an.

Ihre Unterhaltung war so selbstverständlich und so abwechslungsreich wie die Natur, die sie umgab. Kein mühsames, gezwungenes gegenseitiges Abtasten, um festzustellen, ob man manche Interessen teile oder ähnliche Erfahrungen gemacht habe, nein, ihre Worte waren wie Vogelflüge, waren ein Verlieren in die Weite und Wiederzurückfinden zu sich selbst und zueinander, sie waren wie die sich wandelnden Gebilde der Wolken, die unaufhörlich neue Gestalten hervorbrachten ...

Ganz fern am Horizont blitzte es, und wie aus dem Nichts entstandene grau-violette Wolkenmassen schoben sich dem spazierenden Paar entgegen. Ein feuchter Windstoß verjagte den schweren Sommerduft. Ratlos blieben sie stehen.

»Ich wohne gleich in der Nähe«, sagte Matthias, und seine dunklen Augen waren zurückhaltend und sanft. Simone wandte den Blick ab und tat, als betrachte sie die Gewitterwolken. Sie schwankte zwischen ängstlichem Zurückweichen und dem gierigen Hunger nach Ausleben ihrer Gefühle und kam sich wie eine Fünfzehnjährige vor.

Der Himmel vibrierte grollend und übergoß sie beide mit einer kalten Dusche.

»Komm!« rief Matthias und nahm ihre Hand; Hand in Hand rannten sie durch den Park, über eine Brücke, unaufhörlich schwere Vorhänge aus Nässe durchstoßend, aus den grauen Schleiern vor ihnen wuchs plötzlich die Front eines Hauses hervor, und Matthias mühte sich ab, aus der naß am Körper klebenden Hose seine Schlüssel ans Tageslicht zu bringen.

Dann standen sie im Flur von Matthias' Wohnung, tropfend wie tauende Schneemänner, und zogen ihre Jacken aus. Matthias huschte ins Schlafzimmer, kam mit einer Cordhose und einem Sweatshirt wieder, drückte beides Simone in die Hand und öffnete ihr die Tür zum Badezimmer. »Frotteetücher sind im Schrank ganz oben!« sagte er noch und ließ sie allein.

Sie zog sich aus, trocknete sich ab und überlegte, warum immer ausgerechnet die Typen, die sie nicht ausstehen konnte, so aufdringlich waren und die netten, interessanten Männer so zurückhaltend? Oder verwechselte sie Ursache mit Wirkung? Und es konnte nie anders sein, weil sie die netten gerade wegen ihrer Zurückhaltung nett fand und die unausstehlichen allein wegen ihrer Aufdringlichkeit so unausstehlich? Sie überlegte, ob sie ein heißes Bad einlaufen lassen und dann aufs Ganze gehen sollte und – nein, ich käme mir entsetzlich plump vor, dachte sie; und als ihr einfiel, daß sie Matthias erst vor zwei Stunden kennengelernt hatte, erschrak sie über sich selbst.

»Tee oder Kaffee?« rief Matthias durch die geschlossene Tür; und als sie, bereits angezogen, die Tür öffnete, um die Antwort nicht ebenfalls rufend geben zu müssen – sie mochte ihre Stimme leise lieber als laut –, da fühlte sie, da sah sie an seinem Blick, wie sehr sie ihm gefiel; und augenblicklich verwünschte sie ihre Skrupel hinsichtlich der Idee des gemeinsamen Bades.

»Kaffee.«

Regen prasselte gegen die Fensterscheiben.

Das Unwetter wäre ein guter Grund, bei Matthias zu übernachten.

»Ich würde mir gerne deine Wohnung ansehen.«

»Zu Ihrer Rechten befindet sich das Schlafgemach des Schloßherrn«, leierte Matthias in gelangweiltem Fremdenführertonfall und wies auf eine geschlossene Tür. »Es ist der Öffentlichkeit nicht zugänglich, da die notwendigen Aufräumungsarbeiten bislang nicht finanziert werden konnten. Hier links« – sie betraten ein karg möbliertes Wohnzimmer – «der große Salon mit integrierter Bibliothek.« Sie näherten sich einem vollgestopften Bücherregal.

Simone stöberte in den Büchern, während Matthias noch einmal in die Küche ging, um den Kaffee aufzugießen. Ein Fach enthielt ausschließlich Bücher in kyrillischer Schrift.

»Kannst du russisch?« fragte Simone, als er mit zwei Tassen Kaffee zurückkam.

Anstatt eine Antwort zu geben, begann er, ein schwermütiges russisches Lied zu singen, brach aber mitten in der ersten Strophe wieder ab und lachte. »Außer diesem Lied kann ich nicht mehr viel. Aber die restlichen Strophen erspare ich dir.«

»Wenigstens die erste könntest du zu Ende singen. Du hast eine schöne Stimme.«

Matthias wand sich.

»Ich singe nur Leuten vor, die ich schon mindestens ein Jahr lang kenne«, behauptete er. »Hören wir uns lieber gemeinsam etwas an.«

Er griff ins Regal und zog nach kurzem Suchen eine CD hervor.

»Magst du Schubert? Impromptus?«

Falls dies alles nur ein Traum sein sollte, möchte ich nie wieder aufwachen, dachte Simone.

Die ersten Töne begaben sich auf ihre melancholische Wanderschaft. Als Matthias die CD-Hülle ins Regal zurücklegen wollte, glitt sie ihm aus der Hand und fiel zu Boden.

Beide bückten sich und griffen nach ihr.

Ihre Gesichter waren einander plötzlich ganz nah, jeder fühlte des anderen Atem, und sie tauchten in einen jener Momente ein, in denen alles Erlebte selbstverständlich, natürlich und einfach ist, in der späteren Erinnerung aber verworren und nebelhaft wird und voll dunkler Bedeutung erscheint. Die Zeit schrumpfte auf den Moment des Ineinandersinkens der Körper auf dem Teppich zusammen, und der Moment dehnte sich zur Ewigkeit.

Unbegreiflich war es Simone, daß sie sich jemals etwas anderem hatte widmen können, als diesen Mann zu küssen, sich seinen Küssen hinzugeben. Nichts anderes als der Taumel mit ihm kann dem Dasein Sinn geben, wir sind nur dazu geschaffen, fremde Haut an unserer Haut zu spüren, dachte sie, bevor ihre Gedankenwelt in der ekstatischen Hitze zerfloß und hinweggespült wurde von der Flut der Wahrnehmungen ihrer Sinne; sie fühlte seinen Atem, sie hörte sein Stöhnen, sie schmeckte seine Lippen, sie fühlte seine Hände – plötzlich löste sich Matthias von ihr, und der Film riß.

Simone öffnete die Augen, sah ihn hastig zur Tür und aus dem Zimmer stürzen; doch bevor sie ihm hinterherrufen konnte, warum er ausgerechnet jetzt unterbrechen müsse, kam er schon wieder zurückgehastet mit drei Kerzen in jeder Hand. »Die Kerzen!« keuchte er nervös, »ich habe die Kerzen vergessen!«, er zündete eine der Kerzen an und klemmte sie in den Kerzenständer; dann lag er wieder neben ihr; sei nicht kindisch, dachte

Simone, ist doch egal, ob wir uns mit oder ohne Kerzenlicht umarmen; als sie ihn aber zu sich zog und fühlte, wie er noch immer unter einer Spannung stand, die erst nach und nach von ihm wich, wurde ihr ein wenig unheimlich zumute. Dennoch ließ sie sich von neuem fallen, erschauerte unter den Händen, die sich unter ihre Kleidung wühlten und sie abtasteten; die sich in ihre Haut gruben; sie ließ sich betäuben von der Hitze der Körper, berauschen von der Musik.

Matthias sprang auf, rannte zur Stereoanlage, drückte mit fahrigen Fingern einige Knöpfe, und die Musik setzte aus, um nach kurzer Pause wieder mit den Anfangstakten des ersten Impromptus in C-moll zu beginnen. Die ersten Töne begaben sich auf ihre melancholische Wanderschaft.

»Wir müssen noch einmal anfangen ... wir müssen alles noch einmal machen ... es hat nicht gestimmt ... es war nicht richtig ...«

Simone fühlte sich erstarren.

»Ich muß Dich noch einmal zum ersten Mal küssen ... und dann, wenn das Thema im *forte* kommt ... dann mußt Du mich wieder so berühren wie vorhin ...«

Liebst Du Zweisamkeit, romantische Abende bei Kerzenschein ...?

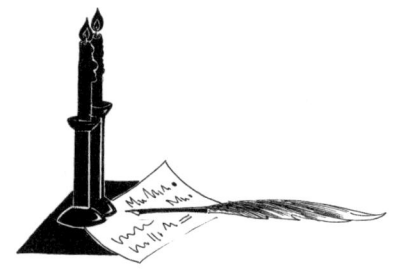

Gerald Jatzek

Herr Tra

*W*enn man vor etwas Angst hat, ist das schlimm. Aber noch viel schlimmer ist es, wenn man von einem Tag auf den anderen vor etwas Angst bekommt, das man immer gemocht hat. Ich meine, wer in einen dunklen Keller geht, der weiß vorher, daß dort Ratten pfeifen und Spinnennetze von der Decke hängen. Da fürchtet man sich ein wenig und nimmt dann allen Mut zusammen. Aber zu dem Markt bei der Prenzlauer Allee bin ich immer gerne gegangen. Darauf habe ich mich gefreut. Bis zum vergangenen Herbst . . .

»He Klaus! Wohin fahren wir jetzt?« fragte mein Cousin Werner, während sich die Türen des S-Bahn-Zuges schlossen. Es war der vierte Tag seines Besuches in Berlin, und wir hatten die ganze Innenstadt abgeklappert. Das heißt natürlich die Innenstadt von herüben, von Ost-Berlin. Wir gehören jetzt zwar zusammen, der Osten und der Westen, aber wir sagen noch immer herüben und drüben.

»Zur Prenzlauer Allee, Kuchen holen.« antwortete ich.

»Ach ja, das hast du mir geschrieben. Wo das Planetarium steht. Da ist doch der Markt, auf dem du immer bist«, meinte Werner.

Immer war natürlich übertrieben, aber das ist nun mal Werners Art. Am ärgsten übertreibt er, wenn er von Wien erzählt. Dort sind angeblich die Häuser schöner und die Autos größer und die Läden moderner. Wenn es nach Werner geht, ist in Wien sogar der Mond heller als in Berlin.

»Was gibt's denn da auf dem Markt?« wollte Werner wissen. Wir lehnten am Fenster des Wagens und ließen die Schönhauser Allee an uns vorbeiflitzen.

Ich dachte an die Gegend um die S-Bahn-Station, die ich fast so gut kenne wie unser Wohnzimmer. Den Fahrplan ab Prenzlauer Allee kann ich auswendig aufsagen, so oft habe ich davor gestanden. Und die abgetretene Treppe könnte ich mit verbundenen Augen hinauflaufen und weiter, quer durch den Schalterraum bis zur Blumenfrau neben dem Eingang.

»Also, was gibt's da?« beharrte Werner.

»Ach, alles mögliche Zeug«, antwortete ich. »Bunte T-Shirts und Pullover. Und Schmuck. Und die Wagen mit Obst und Gemüse und Fleisch. Und den Kuchenmann eben, aber der kommt nur einmal in der Woche.«

»Das ist alles?« Werner verzog den Mund.

»Dann gibt es noch Herrn Tra«, sagte ich geheimnisvoll. Werner brauchte überhaupt nicht so großspurig zu tun, nur weil er mit seinen elf ein Jahr älter als ich und aus Wien war. Einen Herrn Tra gibt es in Wien sicherlich nicht. Herr Tra und seine Freunde haben gar keine richtigen Stände, nur Obstkisten. Erwachsene müssen sich tief bücken oder in die Hocke gehen, wenn sie die Sachen betrachten wollen, die da verkauft werden. Aber für Kinder ist es ideal. Herr Tra und seine Freunde sind nämlich genauso groß wie bei uns die Kinder. Eine Frau ist sogar kleiner als ich. Und alle haben sie eine gelbe Hautfarbe.

Das Wichtigste aber ist, daß Herr Tra die unglaublichsten Geschichten erzählen kann. Vor allem, wenn es warm ist. Im Winter kriecht er in seinen dicken, schwarzen Mantel und spricht nur das Notwendigste. Aber im Sommer werden seine Geschichten lang und länger, und er erzählt von Schirmen, die fliegende Untertassen sind, oder von einem Krokodil, das in der Spree schwimmt.

Ich war neugierig, was Herrn Tra einfallen würde. Es war schließlich ein wunderbarer, warmer Herbsttag.

»Ein Fidschi ist das also!« stellte Werner fest. Das Wort hatte er von meinem Vater.

»Das sind Vietnamesen.« verbesserte ich ihn, wie es unsere Lehrerin macht. »Die hat unsere frühere Regierung zum Arbeiten geholt.«

»Eine Scheißregierung war das!« stellte Werner fest. »Jeder weiß das. Darum schaut Ost-Berlin auch so kaputt aus.«

Ich gab keine Antwort. Ich kann es nicht leiden, wenn jemand so über meine Stadt redet.

»He, Klaus! Glaubst du, daß er noch da ist?« fragte Werner unvermittelt.

»Wer?«

»Na dieser Tra.« Werner blickte mich an. »Dein Papa sagt, daß sich das aufhören wird mit den Fidschis. Jetzt, wo sich alles ändert in Deutschland, sind die bald weg.«

Herr Tra hockte wie immer auf seinem Stammplatz. Auf seinen Obstkisten kurvte ein gelber, elektrischer Jeep. Immer wenn er gegen ein Hindernis stieß, drehte er um und fuhr in die Gegenrichtung weiter.

»Klasse, was?« Ich stieß Werner an.

»Gibt's bei uns auch«, sagte er. Trotzdem beobachtete er fasziniert, wie der Jeep auf den Rand der Kiste zurollte. Schon hingen die Vorderräder in der Luft. Ich zuckte zusammen, wollte ihn auffangen, da machte der Wagen eine Kehrtwendung und fuhr langsam zurück.

Herr Tra grinste breit. »Besser als auf der Straße. Wenn alle Autos so sind, gibt es nie wieder . . . « – er klatschte die Hände zusammen – ». . . Unfälle.«

Die Vorstellung, in Berlin würden nur noch Autos fahren, die selbständig ausweichen, gefiel mir. Dafür wäre sogar mein Vater zu haben, von dem ich jedesmal ein paar neue Schimpfwörter lerne, wenn wir in einen Stau kommen.

»Kennt ihr den Geist in der Flasche?« fragte Herr Tra.

Wir nickten.

Herr Tra beugte sich vor. »Wißt ihr, in der Flasche ist es sehr ungemütlich für so einen Geist. Er sitzt da und starrt in die Luft, hundert Jahre lang. Niemand ist da, mit dem er sprechen kann. Keine Menschen, keine Tiere, keine anderen Geister.« Herr

Tra schaute uns so traurig an, als wäre er selbst schon einmal in einer Flasche eingesperrt gewesen. »Der Geist muß warten, bis nach hundert Jahren jemand die Flasche öffnet. Das ist so langweilig, daß sich die Geister andere Wohnungen gesucht haben. Nun können sie miteinander sprechen und wissen auch ganz genau, wann hundert Jahre vergangen sind.«

Herr Tra griff in eine Schachtel, die im Schatten der Kisten stand und hielt mir eine schwarze Armbanduhr unter die Nase.

»Es ist fünfzehn Uhr und vierundvierzig Minuten«, schnarrte eine feine Stimme.

Längst standen wir nicht mehr alleine vor Herrn Tra. Frauen und Männer mit Plastiktüten und Körben beobachteten gespannt jede Handbewegung des Vietnamesen.

Herr Tra holte drei weitere Uhren aus der Schachtel. Eine rote, eine gelbe und eine weiße.

»Es ist fünfzehn Uhr und zweiundvierzig Minuten«, plapperte die rote Uhr.

»Es ist fünfzehn Uhr und fünfundvierzig Minuten«, sagte die blaue Uhr.

»Manchmal streiten die Geister«, erklärte Herr Tra. »Dann muß ich sie beruhigen.« Flink drückte er auf die kleinen Knöpfe auf den Uhrgehäusen, bis auf allen Anzeigen dieselben Zahlen erschienen. Dann nahm er die vier Uhren in beide Hände, hob sie hoch, und ein piepsender Chor verkündete: »Es ist fünfzehn Uhr und sechsundvierzig Minuten.«

Anschließend spielten sie eine Melodie, in die sich das Lachen von Herrn Tra und der Applaus der Umstehenden mischten.

Ich weiß nicht mehr, was es genau war, das mich aus dem Lachen riß. Eine schnelle Bewegung im Hintergrund vielleicht. Das Poltern von Gegenständen, die zu Boden fielen. Oder ein Schrei. Ich schreckte hoch und sah, daß die Vietnamesen eilig ihre Sachen packten. Eine Frau rief Herrn Tra etwas in einer fremden Sprache zu. Augenblicklich sprang er auf und griff nach der Schachtel mit den Uhren.

An der Ecke neben der Pommesbude entdeckte ich die Ursache der Unruhe. Junge Männer in grauen oder braunen Hosen und Stiefeln. Alle hatten sie extrem kurze Haare. Einige waren sogar völlig kahlgeschoren.

»Wer sind die?« fragte Werner.

»Skins«, antwortete ich.

»Und was wollen die?« fragte er weiter.

»Scht!« Ich hatte schon von den Skins gehört. Glatzen nannte man sie auch. Ich wußte, daß sie irgendwelche Sprüche über Deutschland an die Hauswände malen. Und daß sie sich oft prügeln. Das stand immer wieder in der Zeitung.

»Raus!« brüllte einer von ihnen.

Die anderen stimmten ein. »Raus! Fidschis raus!« grölten sie und trampelten mit ihren Stiefeln.

Während die Vietnamesen ihre Habseligkeiten zusammensuchten, wichen die anderen Leute furchtsam zurück.

»Abhauen sollt ihr! Aber plötzlich!« schrie einer der Glatzköpfe die Vietnamesen an und kam drohend näher. Kisten wurden umgestoßen, Plüschtiere und Zigarettenpackungen flogen durch die Luft. Eine Vietnamesin rannte an uns vorbei zur Station.

»Achtung!« rief ich Herrn Tra zu, doch es war schon zu spät.

Der Glatzkopf versetzte Herrn Tra einen Tritt, der ihn zu Boden stieß. Blitzschnell wälzte sich Herr Tra zur Seite. Der zweite Tritt ging ins Leere. Herr Tra sprang auf, griff nach seiner Schachtel und verschwand in der Menge.

Die anderen Kurzhaarigen kamen geradewegs auf uns zu. Was die Vietnamesen zurückgelassen hatten, zertraten sie einfach.

Werner und ich gingen Schritt um Schritt zurück, bis wir uns mit dem Rücken an die Wand des Bahnhofs preßten. Neben uns hielt die Blumenfrau ihre Arme schützend über die Sträuße. Der Platz vor uns war übersät mit Holzstücken und zerbrochenen Spielsachen.

Das Ganze hatte gerade vier Minuten gedauert. Vor uns lag eine von Herrn Tras Uhren und piepste: »Es ist fünfzehn Uhr und fünfzig Minuten.«

Werner schaute mich an. »Hat das dein Papa gemeint? Daß sich das aufhört mit den Fidschis, wo sich alles ändert in Deutschland?«

»Scht!« flüsterte ich.

Einer der Kurzhaarigen trat auf die Uhr, die mit einem Knirschen verstummte. »Ist hier noch wer, der kein anständiger Deutscher ist?« schrie er. »Dann soll er es uns sagen. Wir unterhalten uns gerne mit ihm.«

Seine Freunde lachten wie über einen guten Witz.

»Ich bin aus Österreich«, murmelte Werner. Ich stieß ihn an.

»Hast du etwas gesagt, Kleiner?« brüllte der Kurzhaarige und baute sich vor uns auf.

Werner öffnete den Mund, aber es kam kein Ton heraus.

»Hast du etwas gegen Deutschland gesagt?« Der Kurzhaarige hob drohend die Hand.

»Hey, laß mal!« Ein anderer zog ihn zurück. »Das ist doch noch ein Kind.«

In diesem Augenblick ertönten die Polizeisirenen. Blaue Lichter zuckten über die Prenzlauer Allee. Ich zog Werner in den Bahnhof, und mitten durch die fluchende Menschenmenge stolperten wir die Treppen hinunter und sprangen in den Zug.

Das war vor fünf Monaten. Werner ist bald darauf nach Wien zurückgefahren.

Ich war seither nie wieder auf dem Markt bei der Prenzlauer Allee. Ich habe Angst davor. Mehr Angst als vor dem dunkelsten Keller mit den dicksten Ratten. Angeblich ist Herr Tra wieder da mit seinen Holzkisten und seinen verrückten Spielsachen. Eine Nachbarin berichtete mir, daß er keine Geschichten mehr erzählt.

Ich wollte ihn schon längst besuchen, weil er doch mein Freund ist.

»Wenn er dein Freund ist, mußt du fahren«, sagt meine Oma. »Sonst weiß er es nicht.«

Jetzt sitzen wir in der S-Bahn. Vor dem Fenster fließt der Verkehr über die Schönhauser Allee. Eine Station noch.

Ich muß schlucken. Meine Oma nimmt mich bei der Hand, und ich bin froh darüber, auch wenn ich kein kleines Kind mehr bin.

Die Angst ist noch immer nicht ganz weg. Aber daneben ist noch ein Gefühl. Daß ich mich auf Herrn Tra freue. Einen Freund läßt man schließlich nicht im Stich.

Elvira Lauscher

Der erste Schnee

*M*an erkannte Herrn Eilig an seiner ganz spezifischen Gangart. Große, weit ausholende Schritte, vorgebeugter Oberkörper und ein zumeist gesenkter Kopf, den Blick starr auf den kommenden halben Meter gerichtet. Nur manchmal warf er sein Haupt ruckartig in die Höhe, kleine, hektische Augen tasteten kurz die Umgebung ab, um dann wieder in die übliche Position zurückzukehren. Er erinnerte dabei an das Gebaren eines Vogels beim Wassertrinken. Auch er mußte, so schien es jedenfalls, schwer an seiner Umwelt schlucken. Dazu hatte Herr Eilig ständig die unbestimmte Furcht, etwas zu versäumen. Vielleicht sah er sich deshalb nie um, er könnte ja dabei etwas finden, wozu er zu spät gekommen war.

Eines Tages, Herr Eilig raste gerade von seiner Arbeit nach Hause, begegnete er einem anderen sehr eigenwilligen Menschen. In seiner gewohnten Gehweise überquerte er gerade, ohne nach rechts und links zu sehen, einen Park. Jeden Morgen und jeden Abend lief er diesen Weg, denn er bedeutete eine beachtliche Abkürzung zu seinem Haus. Er dachte gerade über den Abend nach und wie er ihn am geschicktesten einteilen sollte, um noch möglichst viel zu leisten. Mitten in seiner Überlegung stolperte er über etwas Großes, Weiches. Herr Eilig blickte genervt auf und sah einen Mann, so ungefähr in seinem Alter, der mitten auf dem Weg kniete und irgend etwas auf dem Boden machte.

»Ich habe es eilig!« fauchte Herr Eilig und starrte den Knienden wütend an.

»Na und!« entgegnete der Fremdling und wich keinen Zentimeter.

So etwas hatte Herr Eilig aber wirklich noch nicht erlebt! Und wenn er dadurch auch kostbare Minuten verschwenden mußte, diesem Kerl würde er es schon zeigen. Demonstrativ stellte er sich direkt vor ihn, obwohl er auch ohne weiteres an dem Hindernis vorbeigekommen wäre. Er wartete und wartete und klopfte dabei fordernd mit der Fußspitze auf den Asphalt.

Tap, tap, tap.

Nichts tat sich. Dieser unverschämte Mensch verharrte völlig unbeeindruckt in seiner Stellung, da konnte Herr Eilig machen, was er wollte. Er wartete trotzdem. Schließlich, neugierig geworden, beugte er sich herunter und fragte:

»Was machen Sie denn da?«

»Ich helfe einer Schnecke über den Weg, und Sie?«

Kopfschüttelnd murmelte Herr Eilig: »Geht Sie nichts an.« Er blieb weiterhin stehen. Er wußte selbst nicht so genau warum, doch er schaute zu, bis die Schnecke sicher auf der anderen Seite angekommen war. Als die Exkursion beendet war, richtete sich der »Retter« auf, lächelte Herrn Eilig zu und schlenderte langsam und ohne Hast weiter.

Herr Eilig blieb noch eine Weile benommen auf dem gleichen Fleck stehen, bevor er sich aufraffen konnte und weiterging. Er konnte sich jedoch nicht mehr auf den kommenden Abend konzentrieren, seine Gedanken schweiften immer wieder ab.

Die Blätter der Bäume begannen sich schon zu verfärben, und auch der Rasen hatte ein anderes Grün als vor ein paar Wochen. Bald würde es wieder kalt und trostlos sein. Die Tage zogen ins Land, und Herr Eilig war wie immer hektisch und gestreßt. Es hatte sich nichts geändert, nur die Bäume waren inzwischen fast kahl geworden. Es roch nach Schnee, doch die Gerüche der Stadt und der Schmutz in der Luft waren stärker. Der Himmel war grau, und schwere, dunkle Wolken drohten einem auf den Kopf zu fallen. Die meisten Menschen liefen mit trübsinnigen Gedanken durch die Straßen. An einem solchen Tag mußte man schon genau hinsehen, um Herrn Eilig zu erkennen. Es waren viele große eilige Ströme unterwegs, die alle so schnell wie möglich die Straßen verlassen wollten, um das warme, gemütliche Zuhause zu erreichen.

Herr Eilig war mit seinen Gedanken weit weg, auch nach Dienstschluß noch in seine Arbeit und nüchterne Realitäten versunken. An sein Erlebnis im Park hatte er nur noch ein-, zweimal gedacht, dann war es auch schon wieder vergessen. Das Leben ging weiter, und er hatte anderes und Wichtigeres zu tun, als über solche Kleinigkeiten zu sinnieren. Plötzlich flog etwas Rundes auf Herrn Eilig zu und hüpfte vor seinen Füßen auf und ab. Er sah einen kleinen Ball und hob ihn überrascht auf. Wem der wohl gehörte? Seltsamerweise konnte er nirgendwo Kinder entdecken. Der Ball fühlte sich ungewohnt in seiner Hand an, und er fragte sich, wann er das letzte Mal einen in der Hand gehabt hatte. Unbeholfen begann er, ihn auf dem Boden zu trippeln und wunderte sich dabei, wieviel Spaß das machte. Herr Eilig war ganz selbstvergessen in sein Ballspiel versunken, als ihn jemand ansprach. Die Worte hatte er nicht verstanden, doch das Gesicht, das er sah, als er sich aufrichtete, erkannte er sofort.

»Der Mann mit der Schnecke!« sagte er, und es klang eigentlich gar nicht so unfreundlich, wie man es von ihm gewohnt war.

»C'est la vie!« lachte der Unbekannte und begann, mit ein paar anderen Bällen zu jonglieren. Bewundernd schaute ihm Herr Eilig dabei zu.

»Wo haben Sie denn das gelernt?« fragte er.

»Mal hier und mal da. Das hat mich die Zeit gelehrt«, bekam er zur Antwort.

»Könnten Sie mir das nicht auch beibringen? Gegen Bezahlung natürlich«, beeilte sich Herr Eilig zu versichern, als er das zweifelnde Gesicht seines Gegenübers sah.

»Zeit läßt sich nicht kaufen! Und Sie sehen nicht gerade so aus, als ob Sie viel Zeit übrig hätten«, spottete der Fremde, nahm Herrn Eilig blitzschnell den Ball aus der Hand und zog lachend und jonglierend weiter.

Die erneute Begegnung mit diesem komischen Menschen ließ Herrn Eilig den ganzen Abend nicht zur Ruhe kommen. Immer wieder streiften seine Gedanken ab, und ihm kam das kurze Gespräch in den Sinn. Zum ersten Mal wurde ihm bewußt, daß er tatsächlich nie Zeit hatte. Doch warum eigentlich? Auch wenn er sich anstrengte, ihm fiel außer der Begegnung mit dem Unbekannten kein besonderes Erlebnis ein, das seine Tage ausgefüllt hätte. Die Vergangenheit erschien ihm eher wie eine undefinierbare kompakte und zähe Masse, die in alle Zeitritzen seines Tages gedrungen war und ihm keinen Platz für Überlegungen und Verschnaufpausen gelassen hatte.

Und da bemerkte er, daß ihm sein bisheriges Leben nichts mehr bedeutete. Er fühlte sich leer, ausgelaugt und müde. Nie hatten ihn ein paar wenige Sätze so aus der Bahn geworfen. Ruhelos warf er sich später in seinem Bett hin und her und konnte keinen Schlaf finden. Doch dann kam ihm endlich ein erlösender Gedanke. Ein verrückter Gedanke, wie er fand. Zufrieden und entspannt kuschelte er sich in sein Bett und schlummerte selig ein.

Als am nächsten Morgen sein Wecker klingelte, richtete sich Herr Eilig nur kurz auf, um ihn auszustellen. Dann rekelte er sich genüßlich und fühlte sich so wohl, wie schon lange nicht mehr. Er schwänzte das erste Mal seit seiner Schulzeit, und die lag schon eine ganze Weile zurück. Entspannt stand er nach einem ausgiebigen Frühstück im Bett auf und beschloß, durch die Stadt zu bummeln. Vielleicht traf er dabei wieder diesen Fremden, der ihn so beeindruckt hatte. Als er an einem Spielwarengeschäft vorbeikam, konnte er der Versuchung nicht widerstehen und ging hinein. Sehr schnell hatte er entdeckt, was er suchte. Er hielt die drei kleinen bunten Bälle wie ein Schuljunge, der etwas angestellt hatte, in den Händen. Verschmitzt sah er sich um und begann dann, mit den Bällen zu jonglieren. Natürlich funktionierte das nicht auf das erste Male, und sie kugelten durch das ganze Geschäft. Eine Verkäuferin schaute ihn schon mißtrauisch an. Also zahlte er die Bälle und verließ lachend den Laden. Hätte er sich nicht geschämt, so wäre er aus lauter Übermut durch die Straßen getanzt. Gefesselt von seinem Spielzeug verbrachte Herr Eilig den restlichen Tag damit, jonglieren zu üben. Verwundert stellte er am Abend fest, daß er seine Arbeit keine Sekunde vermißt hatte. Am nächsten Tag nahm er auf unbestimmte Zeit Urlaub. Er hatte auch früher schon Urlaub gemacht. Perfekte, durchgeplante und teure Wochen. »Sinnvolle« Freizeitgestaltung, wie er immer gedacht hatte, streng nach Terminkalender.

Doch diesmal war es anders.

Er faulenzte, ging spazieren, blickte neugierig in seine Umgebung, als ob er sie das erste Mal sehen würde (und so falsch war das ja gar nicht), jonglierte mit seinen Bällen und tat einfach das, wozu er gerade Lust hatte. Und trotzdem fand er keine tiefe Ruhe. Er sehnte sich nach irgend etwas, doch er wußte selbst nicht, was es war.

An einem der nächsten Tage schlenderte Herr Eilig durch den Park und kam auch zu dem Weg, an dem er das erste Mal dem komischen Unbekannten begegnet war. Zu seinem eigenen Erstaunen blickte er sich suchend um. Da wußte er, wonach er sich immer gesehnt hatte. Er blieb im Park, dachte nach und wartete. Auch die nächsten Tage zog es ihn wieder und wieder dorthin. Er wußte, er würde ihn irgendwann einmal wieder treffen.

»Es freut mich, daß Sie so lange warten konnten«, sagte der Fremde.

Herr Eilig blickt erstaunt auf. Er war auf einer Parkbank ein wenig eingenickt, und um so mehr überraschte ihn nun das bekannte Gesicht vor sich.

»Haben Sie das Jonglieren inzwischen gelernt?« wurde Herr Eilig gefragt.

Wie bei den ersten beiden Begegnungen war er verunsichert und wußte nicht, was er antworten sollte.

»Wer sind Sie, und woher wissen Sie so viel über mich?« fragte er ihn schüchtern.

Er bekam keine Antwort. Lange Zeit saßen sie schweigend nebeneinander, und doch fühlte sich Herr Eilig ruhig und zufrieden. Als er es schon gar nicht mehr erwartete, sprach der Unbekannte zu ihm, und die Intensität dieser Stimme brachte in ihm eine Saite zum Klingen.

»Weißt du wirklich nicht mehr, wer ich bin? Hast du mich schon so sehr aus deinem Leben verdrängt?«

»Ich habe niemanden, das heißt« – vor lauter Aufregung fing Herr Eilig schon an zu stottern – »ich meine, ich habe niemanden verdrängt.«

»Nein, da hast du allerdings recht. Wen solltest du auch verdrängen? Da ist ja keiner mehr. Du hast ja auch nur einen Teil deines Ichs getötet!«

Der letzte Satz klang ironisch und sehr verbittert.

»Ja, schau mich nur an, schau mich ganz genau an!« fuhr er fort. »Systematisch hast du etwas in dir zerstört. Mit jedem Tag ein bißchen mehr. An mich hast du dabei überhaupt nicht gedacht, oder?«

»Aber das gibt es doch nicht!« Herr Eilig starrt ihn fassungslos an. »Du kannst doch nicht einfach ... Dann bist du ...?«

»Ganz recht. Ich wollte mich dir noch einmal zeigen, bevor du mich ganz vernichtest.«

»Und ich dachte von unserer ersten Begegnung an, daß ich dich kenne ... Aber das habe ich nicht geahnt! Was wird nun? Habe ich dich endgültig verloren?«

»Das kommt ganz auf dich an!«

»Kannst du mir nicht helfen?« fragte Herr Eilig verzweifelt. »Es geht ja auch um dich!«

»Nein, ich habe nur am Rande etwas damit zu tun. Solange du nicht selber erkennst, was dir in deinem bisherigen Leben gefehlt hat, kann dir niemand helfen, auch ich nicht. Doch du bist auf dem richtigen Weg dazu, ich spüre es.« Es war, wie wenn der Unbekannte mit dem letzten Satz eine Zauberformel ausgesprochen hätte. Eine unbändige Kraft ging von dem Fremden aus und zog durch seinen ganzen Körper. Tief durchdrang sie ihn und schien ihn auszufüllen. In jeder Ecke und jedem Winkel seiner Seele machte sie sich breit und löste seine Ängste und Beklemmungen. Er hatte das Gefühl, etwas vollkommen Neues zu erleben, sein wahres Ich zu entdecken. Angefüllt von diesem Erlebnis, wußte er einen Moment lang nicht, ob er lachen, weinen, einen Purzelbaum schlagen oder etwas anderes Verrücktes tun sollte. Ihm wurde bewußt, daß er lebte, fühlte und liebte. Und noch nie hatte ihn eine Erkenntnis so glücklich gemacht.

Er liebte sein Leben, die Bäume, die Kälte, die seine Nase rot anlaufen ließ, die Vögel, die vor ihm über den Weg hüpften, den grauen Himmel über sich, die Stadt und ihre Menschen, und auch den Unbekannten, der schweigend neben ihm saß. Voller Überschwang umarmte er diesen und merkte dabei nicht einmal, daß ihm Tränen über die Wange liefen. Der Unbekannte nahm ihn in die Arme und streichelte ihm beruhigend über den Kopf.

»Jetzt wird alles gut«, dachte Herr Eilig und schloß seufzend die Augen. Als er sie wieder öffnete, war er allein.

Am nächsten Morgen dachte Herr Eilig an den vergangenen Tag. Es war alles so unfaßbar, und doch war es geschehen. Der deutliche Beweis war das immer noch unbeschreibbare Glücksgefühl, das ihn immer noch durchströmte. Am liebsten hätte er die ganze Welt umarmt. Er war nach seinem Erlebnis erfüllt nach Hause gelaufen und in sein Bett gefallen. Traumlos hatte er geschlafen und die Welt um sich herum vergessen. Jetzt fühlte er sich voller Tatendrang und beschloß, wieder arbeiten zu gehen. Die Zeit der Einsamkeit war vorbei. Er konnte sich dem Leben stellen, ohne Angst, sich wieder zu verlieren. Der erste Schnee war gefallen, die Häuser und Straßen waren mit weißen Flocken zugedeckt. Alles sah verzaubert und unschuldig aus. Eine neue Welt war über Nacht entstanden.

Zeit für einen Neubeginn . . .

Inge Methfessel

Das Wunder
der schwarzen Madonna

*D*a gab es einmal einen Mann und eine Frau, die hatten in langjähriger, kinderloser, aber deshalb keineswegs leerer oder unbefriedigender Ehe ihr Leben miteinander gelebt. Sie hatten manchen Berg gemeinsam erstiegen und manchen Baum gemeinsam gepflanzt; sie hatten manchen Gast an ihrem Tisch gesehen und manche Stunde ohne Mühe nebeneinander geschwiegen. Allmählich aber hörten sie auf, einander nötig zu haben. Keine äußerliche Veränderung war eingetreten, sie zankten sich nicht, sie schlugen sich nicht, sie rückten ihre Stühle nicht weiter auseinander – aber sie freuten sich, eins am anderen, nicht mehr; sie konnten, wenn es sich so ergab, gut ohne einander sein. Es stellte sich sozusagen heraus, als jetzt das Herbstlaub fiel, daß das, was bisher für einen Doppelstamm gegolten hatte, in Wirklichkeit zwei getrennte Stämme waren, die zwei Kronen trugen, zwar dicht nebeneinander und ineinander verzweigt, aber mit zwei verschiedenen Wurzelsystemen und damit voneinander unabhängig. Als sie das erkannt und sich an das Erkannte gewöhnt hatten, beschlossen sie, sich zu trennen.

Alles sollte in Frieden ablaufen, denn sie wollten einander wohl und nicht wehe. Was sie besaßen, wollten sie redlich teilen. Sie gönnten einander noch immer alles Gute, nur sich selbst gönnte jedes dem anderen nicht mehr, die eigene Gegenwart, die Hinwendung, das Gespräch. Es wurde beschlossen, einen Notar kommen zu lassen, der ihnen bei der Aufteilung ihres Besitzes helfen sollte. Dieser Notar, der die Menschen so oft in ihren niedrigsten, weil gierigsten Stunden erlebte, würde sich darüber wundern müssen, wie friedlich das alles bei ihnen vonstatten gehen würde. Wie sie in stiller Einigkeit ein Paar gewesen waren, so würden sie sich in ebensolcher Einigkeit wieder in zwei voneinander unabhängige Personen zurückverwandeln.

Eine gewisse Schwierigkeit ergab sich wegen eines Gegenstandes, den sie einmal gemeinsam gekauft hatten, als sie sich auf einer Reise durch Spanien befanden. Sie hatten damals wegen eines Motorschadens die Autostraße verlassen müssen auf der Suche nach einer Werkstatt. Dabei ergab es sich, daß sie in dieser kleinen Stadt übernachten mußten. Dort gingen sie abends, müde von einem heißen, staubigen Tag, den sie mit Fragen und Erklärungen in der unvertrauten Sprache verbracht hatten, in der Abendkühle um den Platz, in dessen Mitte die Kirche stand. Trotz der späten Stunde hatten die Läden noch geöffnet. Sie kauften einige Apfelsinen und eine Flasche mit dem Wein der Gegend – sonst brauchten sie nichts. Gerade hatten sie beschlossen, zu ihrem Gasthof zurückzukehren, da sahen sie das Schaufenster des Trödlerladens und mitten darin das Bild. Es war ein Glasbild, in schweres Blei gefaßt, mit einer Kette zum Aufhängen. Es stellte die Madonna mit dem Kind dar, in sehr dunklen Farben und mit einem steifen, strengen Ausdruck. Nichts Zärtliches oder Mütterliches oder auch nur Verspieltes drückte sich in dieser Darstellung aus. Die Gesichter waren dunkelbraun, so ähnlich wie bei den schwarzen Madonnen, wie sie an manchen Wallfahrtsorten verehrt werden. Die Farben der Gewänder waren bei der schwachen Beleuchtung nicht zu erkennen. Es reizte sie, das Bild einmal vor eine Lichtquelle zu halten, um zu sehen, welche verborgenen Einzelheiten etwa zum Vorschein kommen möchten. Deshalb traten sie ein und fanden sich in einem engen, mit einer großen Zahl von Gegenständen vollgestopften Laden. Ein hagerer alter Mann mit kahlem Schädel und einem grauen, unordentlichen Kinnbart stand hinter einem Tisch inmitten seiner Waren. Sie fragten, ob es möglich sei, das Bild näher anzusehen, und er holte es aus dem Fenster, mit einigem Aufwand, denn er mußte erst eine Waschschüssel mit Krug und zwei Ölbilder wegräumen und auf den Boden stellen. Sie nahmen das Bild entgegen, das schwer in der Hand lag, schwer von Glas und Blei. Der Mann hob es vor die nackte Glühbirne, die an einem Kabel von der Decke herabhing. Die Malerei der Hände und der Gesichter war so dunkel, daß sie kaum aufgehellt wurde; aber der rötliche Kopfschleier und das olivfarbene Gewand der Madonna trat jetzt deutlich hervor, auch sah man jetzt klarer die Haltung der Hand, die über den Leib des Kindes gelegt war. Die großen, mandelförmigen, fast runden Augen erinnerten sie an eine Ikone. Sie verstanden sich auf Ikonen und besaßen mehrere wertvolle Stücke. Dieses Bild hier interessierte sie, und sie fragten nach dem Preis. Der Alte nannte ihn ohne Zögern und ohne die geringste Verlegenheit in der Stimme. Solche Preise bezahlte man nicht in einem Kramladen wie diesem hier. Der Händler wollte an den ausländischen Touristen offenbar kräftig verdienen. Sie gaben das Bild zurück. Der Alte nahm es und stellte es an seinen vorherigen Platz. Sie sahen sich kurz unter den übrigen Sachen um, zwischen den vollgestellten Regalen, die mit buntgemustertem, fleckigem Papier beklebt waren. Nichts Brauchbares. Sie grüßten und gingen. Ach ja, man sieht so vieles, wenn man reist, man kann nicht alles kaufen. Auf dem Weg zum Gasthof sprachen sie von etwas anderem.

Aber am nächsten Morgen standen sie wieder vor dem Fenster. Es war heller Tag; das Bild wirkte nun erst recht dunkel, stumpf. Es sah aus wie etwas, das man auf dem Dachboden gefunden hat; man reinigt es vom Staub und trägt es in der Wohnung umher, man hält es neben ein anderes Bild, an eine getäfelte Wand – es paßt nirgends und wird schließlich auf den Dachboden zurückgetragen. Sie betraten den Laden und fragten noch einmal nach dem Preis. Vielleicht hatten sie sich am Abend vorher verhört. Der Alte schrieb die Zahl an den Rand einer Zeitung und zeigte mit dem Finger darauf. Lächerlich! Ihr Spanisch reichte nicht sehr weit, aber sie feilschten tapfer, versuchten den Betrag zu verkleinern, aber der Mann ließ ihnen keinen einzigen Centimo nach. Schließlich schrieb der Mann den Scheck aus.

Während er das Bild in eine Zeitung einwickelte, hatte der Alte wohl das Gefühl, er müsse nach dem harten Handel seinen Kunden noch etwas Angenehmes sagen. »Es war sehr lange in meiner Familie«, sagte er, und man merkte ihm an, daß er sich bemühte, deutlich zu sprechen, damit sie ihn verstanden. »Es heißt, daß jeder, der es besitzt, einmal ein Wunder erleben wird.« Sie lachten und fragten, ob er persönlich etwas davon bemerkt hätte in der Zeit, in der er selbst der Besitzer des Bildes war. Aber da schien er auf einmal ihr Spanisch nicht mehr so recht zu verstehen. So standen sie schließlich wieder im grellen Sonnenlicht mit dem Päckchen auf dem Platz, das sich schwer und zerbrechlich zugleich anfühlte. Während sie weiter nach Süden rollten, fühlten sie sich übervorteilt, ohne aber darüber weiter zu reden. Aber als sie ihr Ziel erreicht hatten und daran gingen, die Koffer auszupacken, wickelten sie zuerst das Bild aus und lehnten es gegen einen Spiegel, was einen eigenartigen Effekt ergab, Bild und Reflex, die hellen, runden Augen in den dunklen Gesichtern.

Daheim hängten sie das Bild an seiner Kette am Rahmen eines großen Fensters in ihrem Wohnzimmer auf. Dort vergaßen sie es zuzeiten völlig, ab und zu fiel es ihnen dann wieder einmal auf. Von Besuchern nach seiner Herkunft gefragt, erzählten sie, unter welchen Umständen sie es gekauft hatten. Die Sache mit dem Wunder erwähnten sie nie. Wie sollten sie es jetzt, da die Trennung bevorstand, mit diesem Bild halten? Jeder wollte es für sich haben, keiner aber wollte es dem anderen wegnehmen. Es war eine groteske Situation. Sie hatten sich über Dinge von weit höherem Wert geeinigt; alles war vorbereitet, alles war im Reinen, aber da hing ihnen diese schwarze Madonna vor der Nase, und jetzt konnten sie auch nicht mehr daran vorbeisehen, jetzt sahen sie nichts so deutlich wie dieses Bild. Hatte sich der Mann vorgenommen, am nächsten Morgen gleich beim Frühstück zu sagen: du kannst das Ding haben, und damit gut – und wenn die Frau gleich nach dem Erwachen etwas Ähnliches gedacht hatte: nimm's, mir soll es recht sein – wer von ihnen dem Bild gegenüberstand, brachte die Worte, die er hatte sagen wollen, nicht über die Lippen. So lief es darauf hinaus, daß sie, weil sie das

Bild nicht teilen konnten, am Ende gar nichts teilten, daß der Notar nicht bestellt wurde und auch nicht der Möbelwagen; sie lebten weiter im gleichen Haus und verstanden, jeder im stillen, sich selbst und die Welt nicht mehr. Eine mühsame Wegstrecke gingen sie so nebeneinander her, immer überzeugt, sie könnten es ohne einander besser und schöner haben; aber da Trennung bedeutet hätte, daß einer von ihnen sich von diesem Bild trennen mußte, blieben sie zusammengespannt wie zwei Zugtiere unter dem Joch. Der eine verreiste und kam wieder, und der andere verreiste und kam wieder. Das Gespräch des Alltag schleppte sich zwischen ihnen fort wie das Knarren und Reiben von Zugseilen; sie dachten mit Bitterkeit an die Freiheit, die sie sich erhofft hatten, taten aber keinen Schritt auf diese Freiheit zu.

Der Sommer ging, der Winter kam. An einem Abend saßen sie zu beiden Seiten des Kamins, in dem ein Feuer flackerte. In die Flamme starrend, dachten sie in trübseligem Mißmut darüber nach, wie sie gemeint hatten, um diese Jahreszeit in neuen Verhältnissen von neuen Freunden umgeben zu sein, und wie alles so stumpf und dumpf weiterging, so wie sie es gerade nicht geplant und nicht gewollt hatten. Da brach der Klotz im Feuer auseinander, und ein Stück davon sprang glühend aus der Höhlung heraus und landete am Rand des Teppichs. Mit einem Aufschrei waren sie beide erschreckt aufgesprungen und knieten jetzt auf dem Fußboden. Mit der Schaufel von der einen und mit der Feuerzange von der anderen Seite bemühten sie sich gemeinsam, das brennende Holz in den Kamin zurückzuschieben, was ihnen schließlich auch gelang. Atemlos verharrten sie kniend einander gegenüber und schauten sich in die so sehr bekannten Gesichter, die jetzt, von der nahen Flamme flackernd angestrahlt, auf einmal so fremd und so neu waren, daß sie einander mit Lachen und Weinen in die Arme fielen, sich wie Ertrinkende eins am anderen festklammernd. Sie stammelten Worte, von denen sie nicht wußten, aus welchen Tiefen sie herkamen, Worte der Sehnsucht, der Liebe und der Bitte. Schließlich, erschöpft von dem Sturm, der über sie gekommen war, betteten sie die tränennassen Gesichter eins in des anderen

Halsgrube und hielten eins das andere in einer langen Umarmung umfaßt. Hand in Hand schliefen sie in dieser Nacht ein und erwachten am Morgen wie zu einem Fest. So aber war es, bei aller Freundlichkeit und Rücksichtnahme, in den Jahren ihres gemeinsamen Lebens noch nie mit ihnen gewesen. An diesem Tag, der ihnen, mitten im Winter, wie ein Frühlingstag war, hob der Mann das Bild der schwarzen Madonna von seinem Platz und betrachtete, Glied für Glied, die alte Kette, an der es hing. Und weil ihm eines davon wie brüchig und nicht mehr sicher schien, ging er und holte eine neue Kette, die er befestigte, während seine Frau dabeisaß und ihm zuschaute, mit einer tiefen, alles umgreifenden, alles enthaltenden Zufriedenheit.

Alexander Lohmann

Spinnereien

*D*a hatte die kleine Tarantel ihren Bau doch beinahe unmittelbar unter dem prächtig glänzenden Netz der großen Webspinne eingerichtet! Oder vielleicht war es auch umgekehrt gewesen, denn wer von den beiden zuerst dagewesen war, ließ sich nun nicht mehr eindeutig feststellen und bot Anlaß zu ausgiebigen Streitgesprächen. Auch die Begriffe »klein« und »groß« haben in diesem Zusammenhang einen zweifelhaften Beigeschmack, beschreiben sie hier doch nicht die Spinne an sich, sondern nur ihre Relation im Vergleich zu ihren Artgenossen. Keinesfalls war die »kleine« Tarantel kleiner als die »große« Webspinne. Im Gegenteil: Wie sie häufig nicht ohne Stolz betonte, bedeckte sie mit ausgebreiteten Beinen sogar eine weitaus größere Fläche als »der krummbeinige Weberknecht«.

Eines Tages war ein kleineres Insekt in das Jagdgebiet der Tarantel geraten. Blitzartig war die Spinne aus ihrem Loch geschossen und hatte sich mit kaum nachvollziehbar schneller Bewegung auf ihre Beute gestürzt. Dennoch war das auserkorene Opfer entkommen, denn die Geschwindigkeit der Tarantel war nachhaltig gebremst worden, als sie mit einem Bein in einem der tragenden Fäden des Netzes der Webspinne hängenblieb. Leise fluchend kroch sie dann in ihr Loch zurück, um auf eine neue Gelegenheit zu warten.

Die Webspinne inmitten ihres Kunstwerkes war jedoch infolge des Aufpralls arg durchgeschüttelt worden und daher nicht willens, den Vorfall auf sich beruhen zu lassen. »Pöbel!« keifte sie. »Es war eine wirklich gute Wohnlage hier, ehe das grabende Gesocks zugezogen ist!«

Die Tarantel hielt kurz inne und warf dem dickleibigen Schatten zwischen den silberweißen Schnüren einen haßerfüllten Blick zu. Dann aber verschwand sie in ihrem Bau.

»Vorsicht«, sagte die Webspinne freundlich zu einem vorbeikriechenden Käfer, »dort unten lauert eine Tarantel!«

»Vielen Dank!« erwiderte der Käfer überrascht und wählte einen anderen Weg. Nun aber war die Geduld der Tarantel erschöpft. Wutentbrannt schleuderte sie den Deckel von ihrer Höhle, stürzte ins Freie und umklammerte mit drei Klauen einen Stützfaden des Netzes. »Das war reine Bosheit!« rief sie ihrer Nachbarin zu.

»Selbstverständlich, meine Liebe«, gab die Webspinne ungerührt zurück. Da sie absolut sicher war, daß die Kontrahentin unmöglich zu ihr emporklimmen konnte, wandte sie ihr zusätzlich das Hinterteil zu. »Und nimm deine erdverschmierten Krallen von meinem Netz«, fügte sie noch vorwurfsvoll hinzu. »Du machst es ganz schmutzig!«

»Komm runter und laß es uns austragen!« brüllte die Tarantel zornig und schüttelte das Netz.

»Eine Herausforderung durch Personen niederen Standes anzunehmen bringt keine Ehre«, wies die Webspinne dies Anerbieten arrogant ab.

»Feigheit!« keifte die Tarantel herausfordernd.

»Mag sein, mag sein«, kicherte die Webspinne humorlos. »Ich weiß nur eines: Du kommst nicht zu mir herauf, da du es nicht vermagst; ich hingegen komme nicht zu dir hinab, weil ich es nicht will. Damit ist meine Überlegenheit über deinesgleichen doch wohl hinreichend bewiesen.«

Rasend vor Wut begann nun die Tarantel, an dem Faden zu ziehen und zu schütteln. »Laß das!« protestierte die Webspinne, bemüht, ihr Netz stabil zu halten. Aber die Tarantel kam jetzt erst so richtig in Fahrt: Mit ihrem ganzen Gewicht hing sie am Netz und schüttelte und schaukelte, bis die Fäden verdächtige Geräusche von sich gaben, und unter der ungewohnten Belastung ächzten und knarrten.

Dann riß das Netz, nicht an dem attackierten Faden, sondern weiter oben. Genaugenommen riß der Faden, der das ganze Gebilde aufrecht hielt. Wie ein Schleier senkte sich das klebrige Gewebe auf die überraschte Tarantel. Diese strampelte und zappelte, während sie Webspinne sich eilig an ihrem Sicherheitsfaden zu dem Ast emporhangelte, der vormals ihr ganzes Netz und nicht nur sie selber getragen hatte.

Eine Weile spielte die Webspinne mit dem Gedanken hinabzusteigen und die unverschämte Vandalin zu züchtigen, dann aber entschied sie sich dagegen. Die Tarantel hatte sich schon beinahe wieder befreit und war auf dem Boden weitaus beweglicher als sie selber, was den Ausgang eines Kampfes ungewiß machte. So beschränkte sie sich schließlich auf einen verbalen Angriff: »Siehst du . . . « setzte sie an.

»Nein!« entgegnete die Tarantel und wischte sich die klebrigen Schnüre aus den Augen.

« . . . was du davon hast!« beendete die Webspinne den Satz. Die Tarantel würdigte sie keiner weiteren Antwort und kroch zurück in ihr Loch.

»Paß auf, daß ich dir keine Wespe auf den Hals schicke!« keifte die Webspinne noch. »Eine Spinne meines Standes hat nämlich Beziehungen!«

Nachdenklich begann sie dann mit dem mühsamen Wiederaufbau ihres Netzes. Vieles hatte sie verloren, und große Mühen lagen nun vor ihr, aber sie hatte Würde bewahrt und Stolz gezeigt. So hatte sie ihre Niederlage fast noch in einen Sieg verwandelt, zumindest in den Augen der armseligen Kreatur, die nun gewiß in ihrem Erdloch hockte, silberweiße Weben von ihrem Leib zerrte und sich ganz erbärmlich fühlte. Ha! Ihr Netz war kaputt, und ihr blieb nun Arbeit und Verzicht auf Beute. Aber diese miese kleine Tarantel würde immer das Gefühl einer Niederlage haben, nur weil das zerstörte Netz unerwartet auf sie gestürzt war. Das war eben der Unterschied zwischen Adel und Plebs! Und das würde ihr hoffentlich eine Lehre sein.

Diesen Gedanken nachhängend hatte die Webspinne die Stützflügel befestigt und daran sorgfältig eine Rahmen geknotet.

Nun zog sie bedächtig ihre Spiralen ein. Es wurde eine sehr langwierige Arbeit.

Früh ab nächsten Morgen hatte sich eine Fliege in ihrem wieder aufgebauten Netz verfangen. Die Webspinne hatte gut gegessen und war nun damit beschäftigt, die Folgen ihres Fanges zu beseitigen. Sorgsam reinigte sie ihr Netz von den Resten der Beute und besserte penibel die schadhaften Stellen aus.

Dann blickte sie nach unten, wo sie, unter einem Deckel verborgen, das Nest ihrer Feindin wußte. Die Webspinne überlegte eine Weile und warf dann den ausgesaugten Panzer der Fliege vor den Bau der Tarantel. »Hier«, rief sie hinterher, »mein Geschenk – für den Käfer, den ich dir gestern vertrieben habe.«

Der Deckel über dem Gang der Spinne öffnete sich einen Spalt, und zwei Augen funkelten böse zum Mittelpunkt des Netzes empor. Ein neuer Tag hatte begonnen, und er ließ sich genauso an wie bisher jeder Tag im Leben dieser beiden unverträglichen Nachbarinnen.

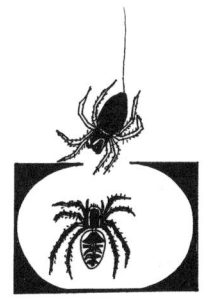

Nicola Barth

Herr E. und die Öde

*E*rstens. Es war ein ganz normaler Tag. Der Tag war so normal, daß selbst die Stubenfliege sich langweilte und stumpfsinnig ihre Kreise um die Deckenleuchte zog. Mal links herum, mal rechts herum, so, als wollte sie damit der Gleichförmigkeit begegnen – oder gar Abwechslung schaffen. Aber die Langeweile ließ sich nicht beirren und floß träge wie klebriger Honig durch den halbdunklen Raum. Sie steckte sich in die Ecken und Winkel, pulte sich in die Ritzen der Holzbalken, fraß sich in die vergilbten Tapeten und hängte sich bleiern in die angegrauten Gardinenstoffe. Schließlich lauerte die Öde gespenstisch hinter den verschlossenen Sparrenfenstern, um – sobald die Gelegenheit sich bot – hinauszuquellen und alles Muntere und Lebendige in stumpfsinnige Leere zu verwandeln.

Übersättigen wollte sie. Die Menschheit mit Stumpfsinn und Überdruß mästen. Widerwillen, Unlust und Ekel sollten sich in die Seelen einschleichen und Früchte tragen. Bald würden dann Lebensfreude und Kreativität besiegt sein und alles Lebendige blaß und satt und mißmutig dahinvegetieren. Öde selbst war ausdruckslos, reizlos. Ermüdend in ihrer Art und geisttötend. Außerdem farblos. Farblos wie sie, so sollte alles werden. Und deshalb lauerte sie hinter den Sparrenfenstern und wartete auf den rechten Augenblick . . . denn hier hatte sie ihr Werk schon vollendet.

Zweitens. Herr E. wohnt auch hinter den Sparrenfenstern. Er ist mit Öde gut bekannt. Vor einigen Jahren hat sie sich bei ihm eingenistet. Irgendwann, an einem ganz normalen Tag. Die Stubenfliege war damals auch schon da. Die Öde hatte sich dreist auf das Sofa geflezt und ihm stumpf ins Gesicht gegrinst, so, als wollte sie sagen: »Nun junger Mann, vorbei ist's mit der Abwechslung – jetzt ist Monotonie angesagt.« Herr E. war gar nicht begeistert, die fette Öde auf seinem Sofa zu sehen, beschloß aber, da er sie schon nicht vertreiben konnte, sie wenigstens zu ignorieren. Und so schaltete er das Fernsehgerät ein. Schon wenig später drückte er nervös von Programm zu Programm, konnte aber keine Sendung finden, die ihn interessierte. Also schaltete Herr E. den Fernseher ab und das Radio ein. Aber auch das brachte ihm nicht die gewünschte Zerstreuung. Ein Buch wäre jetzt genau das richtige, dachte Herr E. und nahm sein Lieblingsbuch zur Hand. Kaum hatte er ein paar Seiten gelesen, klappte Herr E. gelangweilt das Buch zu und legte es zur Seite.

Auf dem Sofa lag noch immer fett und frech die Öde und grinste stumpf in die Gegend. Das Telefon klingelte. Herr E. stürmte zum Hörer, konnte es sich aber nicht verkneifen, der fetten Öde auf seinem Sofa einen triumphalen Blick zuzuwerfen. Die grinste immer noch. »Hier E.«, flötete Herr E. in die Muschel. »Oh, Entschuldigung, da muß ich mich verwählt haben«, sagte ein Jemand am anderen Ende der Leitung. Herr E. konnte das Grinsen hinter seinem Rücken deutlich spüren. Seine Nackenhaare sträubten sich. Mißgelaunt und ohne noch einen Blick auf sein Sofa zu werfen, ging er zu Bett. Seit diesem ganz normalen Tag residierte die Öde in Herrn E.'s Wohnung. Sie krabbelte ins Telefonkabel und »verödete« alle Gespräche. Sie versteckte sich zwischen Briefen und Photographien, sog die Farbe aus den Wandbildern, stumpfte Herrn E.'s Erinnerungen ab und preßte ihre Ereignislosigkeit sogar in die Druckerschwärze der Bücher und Tageszeitungen.

Drittens. Herr E. ging fortan oft außer Haus. Er wollte der fetten Öde entfliehen. Wiederum an einem ganz normalen Tag, der dem ganz normalen Tag folgte, an dem die Öde Einzug gehalten hatte, ging Herr E. in seine Stammkneipe. Die sonst so gut besuchte Bierstube war an diesem ganz normalen Tag wie leergefegt. Am Tresen saß nur der, der immer dasaß. Der Wirt schepperte wie immer mit den Gläsern und summte fast tonlos das gleiche Lied wie schon vor zehn Jahren. Der, der immer dasaß, erzählte auch an diesem ganz normalen Tag wieder dasselbe, was er immer erzählte. Und das, was er immer erzählte, erzählte der, der immer dasaß, stetig im gleichen ermüdenden Tonfall. Der, der immer dasaß, war lahm und schläfrig – einfach farblos.

Viertens. Fortan begleitete die Öde ihn, wo auch immer er hinging. Wie ein Schatten hatte die Ereignislosigkeit sich an seine Fußsohlen geheftet und grinste ihm stetig ins Genick. Sie waren immer beisammen, Herr E. und die Öde: sie gingen gemeinsam zur Arbeit, auf Parties, ins Kino, in die Kneipe und sogar in den Zirkus. Wo auch immer Herr E. war, mit wem auch immer er sich unterhielt, die Öde stand Gewehr bei Fuß. Stumpf, farblos und still. Unterhielt er sich beispielsweise mit dem reizenden Fräulein S., so gähnte ihm die Öde mehrmals ins Ohr und steckte ihn an. Bald wollte Fräulein S. nichts mehr von ihm wissen. Rief mal ein Kollege an und lud ihn zu einem Tennismatch ein, so lähmte die Öde seine Glieder mit Trägheit. Bald rief auch kein Kollege mehr an. Und bald hatte Herr E. gar kein Telefon mehr. Es hing auch kein Bild mehr an der Wand. Die Tageszeitung hatte er abbestellt, Fernseher und Radio verkauft, und die Bücher verstaubten im Bord. Die standen eigentlich nur noch da, weil Herr E. immer entweder zu müde oder zu träge war, sie wegzuräumen, oder weil er gerade beschäftigt war. Er hatte nämlich kürzlich ein schlummerndes Talent in sich entdeckt, das er eifrig zu vervollkommnen suchte: Däumchen drehen. Jetzt ist er mit Sicherheit der langsamste, leidenschaftlichste und monotonste Däumchendreher auf der Welt. Zusammen mit der Öde flezt er täglich auf dem Sofa, dreht den linken Daumen um den rechten Daumen, den rechten Daumen um den linken Daumen ... mal links herum, mal rechts herum ... So wie die Stubenfliege.

Frank Hiller

Spielernaturen

*E*in leises Summen ertönte. Kurz darauf fing das Bett an, leichte Vibrationsbewegungen zu vollführen. Als die Sensoren über Toms Kopf kein Erwachen registrierten, verstärkte sich die Vibration allmählich zu einem heftigen Rütteln, das vermutlich jedes Erdbeben in den Schatten gestellt hätte.

Nun endlich wurde Tom wach, und schlagartig hörten die Bewegungen auf, was zur Folge hatte, daß er erst einmal aus dem Bett fiel und dabei beinahe in den Fußboden biß. Er haßte dieses automatische Wecksystem, und allzu oft ging ihm die Frage durch den Kopf, in welcher Bierlaune diese Idee wohl entstanden war. Doch sämtliche Verantwortlichen solcher Erfinderspäße waren weit weg, denn Tom befand sich in der Schlafkabine einer Raumstation, die seit geraumer Zeit irgendwo zwischen den Planeten Mars und Jupiter umhergondelte. Er und Ben waren zur Zeit die einzigen Besatzungsmitglieder an Bord. Letzterer hielt sich gerade in der Kommandozentrale auf und spielte mit einem Service-Roboter Chip-Poker. Bei dieser Spielversion läuft es im wesentlichen darauf hinaus, daß der Roboter nach jeder verlorenen Partie einen seiner Mikrochips herausbrechen muß.

Da Ben sich häufig und gerne damit die Zeit vertrieb, war folglich der Invaliden- und Psychopathenanteil unter den Automaten in der Raumstation relativ hoch, was wiederum oft dazu führte, daß beispielsweise sämtliche Putzkolonnen große Teile des Mülls, den sie bei der Reinigung aufgesammelt hatten, in den Gängen und Korridoren wieder verloren. Meist sah es dann aus wie nach einer Detonation in einem Supermarkt, weshalb Tom ihm auch eigentlich strikt untersagt hatte, dieses Kartenspiel zu spielen. Doch daran hielt sich Ben natürlich nicht. Während er nun also gerade mal wieder mit vollem Eifer dabei war, seinem Gegenüber das letzte Fünkchen Verstand auszutreiben, ertönte Toms Stimme aus einem Lautsprecher in der Kommandozentrale:

»Hallo Ben, bist du da?«

»Jo!« antwortete dieser beiläufig, wobei er unablässig auf sein Blatt starrte.

»Ich habe mordsmäßigen Hunger. Wollen wir was zusammen essen?« fragte Tom weiter.

»Äh ... ja gleich. Ich muß hier nur noch diese Partie be ...«. Ihm blieben die Worte im Halse stecken. Erschrocken fuhr er sich an den Mund. »Du spielst also wieder, obwohl dir doch klar ist, daß du damit den Bestand dieser ganzen Mission gefährdest!?« kam es wütend aus dem Lautsprecher.

Ben verdrehte die Augen.

Was nun folgte, war ein Vortrag über die Bedeutung dieses Unternehmens für die Menschheit, über die Kosten, die damit verbunden waren, und über die Aufgaben, die sie zu erfüllen hatten. Des weiteren fielen noch die Begriffe Vorschule, Kindergarten, albern, Einsicht und Erwachsene. »Also, wir treffen uns in der Kantine!« beendete Tom schließlich seinen Monolog. Für einen Moment lang schien es so, als ließe sich so etwas wie Erleichterung in den optischen Instrumenten des Roboters erkennen. Davon nahm Ben jedoch keine Notiz und griff sich eines der beiden Klappfahrräder, die zur schnelleren Überwindung der doch teilweise erheblichen Entfernungen innerhalb der Raumstation in manchen Räumen an den metallenen Wänden hingen. Mit quietschendem Tretlager machte er sich auf den Weg in die Kantine. Als er dort ankam, wartete Tom, dessen Blick keine besonders gute Stimmung erahnen ließ, bereits auf ihn.

»Na, was steht denn heute so alles auf der Speisekarte im Angebot?« fragte Ben mit dem Gesichtsausdruck eines Gebrauchtwagenhändlers.

»Von den ehemals dreißig Gerichten, die es hier zur Auswahl gab, sind ganze zwei übriggeblieben: nämlich Kartoffeln mit

Spiegelei und Kartoffeln mit Erbsen!« entgegnete Tom vorwurfsvoll. Nach einer kurzen Pause der Betroffenheit fügte er noch
hinzu:»Außerdem gibt es weder Spiegeleier noch Erbsen!«

Bens Visage verformte sich langsam, aber stetig in irritierte
Nachdenklichkeit.

»Aber ich habe überhaupt nicht mit den Küchen-Robotern
gepokert. Die sind doch viel zu blöd dazu!« entrüstete er sich.

»Das hast du sicher nur wieder mal vergessen!« lästerte
Tom.

Während Ben nun verzweifelt versuchte, ihn von seiner Un-
schuld zu überzeugen, öffnete sich plötzlich das Küchenschott
und ein Kellner-Automat rollte mit einer Affengeschwindigkeit
quer durch den Raum an ihnen vorbei. In seinem linken Greifarm
klemmte ein Tablett, auf dem drei heiße Kartoffeln hin und her
rutschten, und im rechten steckten fünf Spielkarten.

Mit einer flotten Walzermelodie, die aus seinen Akustik-
gebern ertönte, verschwand er schließlich hinter der Müllentsor-
gungsklappe.

Verdutzt schauten sich die beiden an.

»Ich denke, wir sollten mal nachsehen, was da in der Küche
so vor sich geht!« schlug Ben daraufhin etwas verunsichert vor.

Ohne ein weiteres Wort zu verlieren, erhoben sie sich von
ihren orthopädisch katastrophalen Kantinenstühlen und gingen
zum bereits wieder selbsttätig geschlossenen Küchenschott.

Tom betätigte eine Taste, und nahezu geräuschlos glitt es
zur Seite.

Das, was sie dahinter zu Gesicht bekamen, entsprach jedoch nicht ganz dem, was sie sonst gewohnt waren, dort zu
sehen. Statt reger Betriebsamkeit saß fast das gesamte automatische Küchenpersonal fröhlich beisammen und pokerte, was das
Zeug hielt. Einige Roboter kauerten reglos und in sich zusam-
mengesunken in verschiedenen Ecken des Raumes. Andere hingegen waren pausenlos damit beschäftigt, immer wieder ihre
Sichtinstrumente auf die heißen Herdplatten zu donnern.

»Ich wußte gar nicht, daß die Dinger dazu überhaupt in der
Lage sind«, kommentierte Ben das Ganze ein wenig verwundert,
aber dennoch gefaßt, während sich Toms entsetzter Gesichts-

ausdruck dem Charisma eines Postschalters näherte. Nicht, daß die beiden noch keine bescheuerten Roboter gesehen hätten, aber eine solche Ansammlung selbständig kartenspielender Küchenautomaten übertraf dann doch alles bisherige. Sämtliche Fehlsteuerungen dieser elektronischen Helfer hatten sich nämlich bisweilen auf das unvollständige Ausführen bestimmter Anweisungen beschränkt. So war es auch nicht verwunderlich, daß Tom nur schwer seine anfängliche Sprachlosigkeit angesichts dieses Szenarios überwinden konnte.

Schließlich sammelte er sich doch wieder und entgegnete unwirsch: »Das kommt nur durch deine dämliche Spielerei!«

Ein wenig verlegen erwiderte Ben: »Irgendwie hat sich das wohl bei denen rumgesprochen, und die haben Geschmack daran gefunden. Anders kann ich mir das wirklich nicht erklären.«

Mit unheilvoller Miene prophezeite Tom das Ende der täglichen Kantinenbesuche, bis hin zum absoluten Fiasko in der gesamten Raumstation.

Da plötzlich kam Ben eine vielversprechende Idee, und mit vertrauenerweckender Stimme sagte er: »Bitte, laß mich mit den Blechkameraden mal allein! Ich kriege das schon wieder hin.«

Ungläubig setzte sich Tom wieder auf einen der Kantinenstühle, während sich das Küchenschott lautlos schloß und Ben mit dem Haufen pokernder Roboter ungestört zurückließ. Eine halbe Stunde lang drang nicht das geringste Geräusch aus der Küche an Toms Ohr. Erst in den darauffolgenden Minuten wurden Laute wahrnehmbar, die an Wohnungsauflösungen erinnerten. Kurze Zeit später ebbten die Geräusche ab, und das Schott öffnete sich wieder. Neugierig schaute Tom durch den Eingang.

Wie zwei Kontinentalplatten, die sich gegenseitig deformierten, versuchten sich gleichzeitig Entgeisterung und Erleichterung auf seinem schmalen Gesicht Platz zu schaffen.

Was er nämlich zu sehen bekam, hätte er zuvor wahrscheinlich nicht für möglich gehalten.

Als wäre nichts geschehen, waren sämtliche Roboter damit beschäftigt, ihrer ursprünglichen Küchentätigkeit wieder nachzugehen. Bis auf ein paar fehlende Automaten waren fast alle vollständig.

»Wie ist dir das denn gelungen?« fragte Tom völlig verblüfft.

»Och, ich habe mich einfach der Pokerrunde angeschlossen und mit denen vereinbart, daß, sollte ich die folgenden Partien gewinnen, sie ihre Arbeit wieder aufnehmen«, antwortete Ben gelassen und fügte nach einer kurzen Unterbrechung hinzu: »Naja, die defekten Roboter mußten wir natürlich entsorgen.«

Gelöst schlug Tom ihm freundschaftlich auf die Schulter, und beide begaben sich wieder auf ihre Plätze. Nachdem sie sich nun endlich ihre Mahlzeiten bestellt hatten, sagte Ben plötzlich einsichtig: »Ich glaube, das war mein letztes Pokerspiel!«

Beglückt sah Tom zu ihm auf und bedankte sich mit einem versöhnlichen Blick. Noch eine ganze Weile saßen sie so zusammen und unterhielten sich über die Aufgaben, die sie noch zu erfüllen hatten, über Politik, Finanzämter und Frauen.

Ungefähr während dieser Zeit startete von der Erde aus ein Raumgleiter in Richtung Raumstation. An Bord befand sich Ralf, der als zusätzliches Besatzungsmitglied Tom und Ben unterstützen sollte. Ralf gehörte zu den Leuten, die sich vor allem durch Phantasie und Ideenreichtum auszeichneten. Des weiteren bestach er noch als hervorragender Techniker, Navigator, Wissenschaftler und Pförtner. Außerdem war er mehrfacher Inhaber des Weltmeistertitels in Roboter-Mikado, einem Spiel, das fast immer in einem Automatenmassaker endete . . .

Margit Günster

Jans Geschichte

*L*ächelnd betrachtete Jana ihren schlafenden Sohn. Wie perfekt und vollkommen der Junge doch war!

Jana dankte dem Himmel, daß sie zu den Privilegierten gehörte. Nicht auszudenken, wenn sie zur Unterschicht gehören würde. Die Frauen der Unterschicht mußten ihre Kinder noch selbst zur Welt bringen, wie Tiere. Und sie hatten keinerlei Einfluß auf das Kind.

Jana und ihr Mann dagegen hatten das Kind sorgfältig ausgewählt und zusammengestellt. Schließlich war es aus der besten Zuchtanstalt des Landes. Hier waren nur allerbeste Genspender zugelassen. Das hatte zwar seinen Preis, aber für Jana spielte Geld keine Rolle. Das Kind wurde frei Haus geliefert, zusammen mit einer Kinderfrau, die das Kind versorgte und nährte.

Jana verließ ihren Sohn, den sie bei der Kinderfrau in besten Händen wußte. Sie schritt über den weichen, gepflegten Kunstrasen zu ihrer Sonnenliege. Mit der Fernbedienung stellte sie Helligkeit und Intensität der Sonne ein. Nach kurzer Zeit war sie eingeschlafen. Doch schon bald erwachte sie vom Geschrei des Kindes. Erbost drückte sie die Sprechtaste ihrer Multi-Funktions-Uhr. Die Kinderfrau meldete sich. »Billa, was soll denn das? Der Junge schreit. Warum kümmern Sie sich nicht um ihn?« Die erschrockene Stimme der Frau erklang. »Ja, Herrin, verzeiht. Ich komme sofort!«

Als Jana bei dem Jungen anlangte, fand sie eine ratlose Billa vor, die den weinenden Jungen im Arm hielt. »Was ist denn nun?« herrschte sie die verwirrte Frau an. Dann sah sie das Gesicht des Kindes. Auf der Wange bildete sich eine rote Schwellung. »Ich weiß es nicht, Herrin. So etwas habe ich noch nie gesehen. Sehen Sie, das habe ich im Wagen gefunden.« Sie zeigte ängstlich auf etwas Kleines, gelb-schwarz Gestreiftes, das in den Kissen lag. Jana blickte angewidert auf das pelzige Etwas, an dessen Körper zwei durchscheinende Lappen hingen. Jana hatte so etwas auch noch nie gesehen. »Scheint mir ein Tier zu sein, aber wo soll das herkommen? Sowas gibt es doch bei uns schon lange nicht mehr.« Sie wandte sich dem Kind zu. Das Gesicht schwoll immer noch an, der Junge wimmerte aber nur noch leise. Entschlossen drückte sie die Nottaste des Arztes.

Nach wenigen Minuten schon erschien der Arzt. Er untersuchte die Schwellung ziemlich ratlos. »Tut mir leid, Jana, aber sowas habe ich noch nie gesehen, das ist nichts Normales. Dein Kind scheint Opfer eines feindlichen Angriffes zu sein. Das Ding ist sicher ein neuartiges Geschoß. Das muß ich dem Ministerium melden.«

Jana wurde blaß. Sie wußte, was das zu bedeuten hatte. Der Arzt informierte das Ministerium, und nach kurzer Zeit erschienen Militärs, um das Kind und das DING mitzunehmen. Der Kommandant hielt Jana ein Blatt hin. »Quittieren Sie bitte hier. Gegebenenfalls werden wir Ihnen einen identischen Säugling als Ersatz liefern. Natürlich kostenfrei. Vielleicht bekommen Sie diesen auch zurück, das entscheidet nach der Untersuchung das Ministerium.«

Kit, Janas Mann, fand eine total verstörte Frau vor, als er heimkam. Nur mit Mühe erfuhr er von der schluchzenden Jana die Einzelheiten. Wutentbrannt schlug er auf den Tisch. »Ja, ist das denn die Möglichkeit?! Da stecken doch sicher die von der Energiezentrale dahinter, weil ich denen mein Patent nicht überlassen habe. Wo hast Du die Quittung?« Immer noch wütend rief er die Code-Nummer der zuständigen Abteilung ab und funkte sie an. Er meldete seinen Besuch an und ließ sofort eine Air-Taxe kommen.

Der Institutsleiter empfing ihn sofort. Er war ratlos. »Es tut mir leid, aber wir wissen nicht, was das für ein Ding ist.« Kit war außer sich. »Was, das ist ja unglaublich! Ihr wißt nicht, was das für ein Ding ist? Das ist ja wohl die Höhe! Mein Kind wird von Feinden angegriffen, und Ihr könnt uns nicht helfen und habt keine Ahnung! Ihr steckt wohl mit denen von der Energiezentrale unter einer Decke!« Zu spät sah er den Laser, mit dem der heimlich vom Institutsleiter herbeigerufene Arzt ihn ruhigstellte. Der Arzt wies auf den Monitor. »Hier können wir sämtliche Testergebnisse ablesen. Wir haben alle bekannten Tests gemacht. Das Ding ist ein Lebewesen, irgendein Tier. Wo es herkommt, müssen nun die Historiker klären. Vielleicht hat es sowas ja früher schon einmal gegeben. Du weißt ja, so einen Fall hatten wir vor kurzem schon einmal.«

Kit wandte den Kopf. Er sprach seltsam schleppend, eine Folge der Ruhigstellung. »Du meinst, das war damals gar kein Gerücht? Das Ding hat wirklich existiert?« Der Institutsleiter nickte. »Ja, das stimmt. Das Tier war wirklich da, obwohl niemand klären kann, woher es kam. Es war eine Maus, ein sogenanntes Nagetier, welches vor etwa hundert Jahren gelebt hat. Damals hat es diese Tiere in großen Mengen gegeben.« »Was ist mit dem Kind?« wollte Kit nun wissen. »Das behalten wir einige Zeit zur Beobachtung hier. Dann werden wir entscheiden, was geschieht. Entweder wir geben es zurück, oder ihr erhaltet gleichwertigen Ersatz.«

Der Arzt hob die Ruhigstellung auf, und Kit konnte das Institut verlassen. Nach einigen Tagen erhielten Jana und Kit auch das Kind zurück. Die Schwellung war ohne Folgen verschwunden. Die Wissenschaftler konnten keine bleibenden Schäden feststellen. Auch hatten Bio-Historiker das Tier als Biene identifiziert, deren Stich auch in früheren Zeiten in der Regel keine bleibenden Schäden hinterließ.

Ungeklärt blieb, wo die Biene herkam. Aus allen Landesteilen trafen Meldungen ein. Überall tauchten in der Folgezeit Tiere auf. Die Bio-Historiker konnten die Tiere zwar identifizieren, aber sie konnten das plötzliche Auftauchen nicht erklären.

Meist waren es Insekten: Fliegen, Bienen, Ameisen, Schmetterlinge. Oder Mäuse. Die Biene, die Janas Kind gestochen hatte, war eines der wenigen Tiere, die sich in die Regionen der Privilegierten verirrt hatten. Meist tauchten die Tiere in den Regionen der Unterschicht auf, wo es noch Blumen und anderes Zeug gab, das es früher überall in großen Mengen gegeben hatte. Die Tiere ernährten sich hiervon und vermehrten sich sogar. Die Wissenschaftler arbeiteten auf Hochtouren, aber sie konnten der Plage nicht Herr werden, noch konnten sie das plötzliche Auftauchen der Tiere erklären. Auch waren sie nicht in der Lage, die Verbreitung der Tiere zu stoppen.

Sie drangen allmählich auch in die Regionen der Oberschicht vor. Mit den Tieren kamen vereinzelt Pflanzen in die sorgfältig gepflegte Kunstwelt. Das Ministerium verfügte die sofortige Vernichtung, aber nun erhoben sich Proteste. Die Privilegierten wollten die Tiere und Pflanzen behalten, sie wurden rasch zu ihrem Statussymbol.

Bald galt es als schick, Insekten in Haus und Garten zu haben. Die wenigen Pflanzen wurden sorgsam gepflegt.

Über Monitor konnte man Identität sowie Ernährungs- und Pflegeanleitungen dieser historischen Lebewesen abrufen. Mit der Zeit folgten die Vögel, erst vereinzelt, aber später immer mehr.

Als der Sohn von Jana und Kit erwachsen war, waren Tiere und Pflanzen fast schon etwas Alltägliches und nichts Besonderes mehr. Der Junge selbst hatte Pflanzen, die man Rosen nannte. Sie hatten einen betörenden Duft und lockten viele Insekten an, denen wiederum Vögel folgten.

Aufgrund der Tatsache, daß Janas Sohn einer der ersten war, der mit diesen Tieren Bekanntschaft gemacht hatte (die Geschichte mit dem Bienenstich war inzwischen schon ein historisches Ereignis) wurde er Bio-Historiker. Aber auch er konnte nicht herausfinden, wo die Tiere so plötzlich hergekommen waren.

Eines Tages fand er im Archiv eine alte Diskette. Im Museum entdeckte er ein Gerät, welches zu der Diskette paßte. Neugierig geworden rief er die Daten ab. Er fand einen Hinweis auf das Ghetto. In schwierigen Nachforschungen fand er Informationen hierüber. Es handelte sich um ein Tal in der Toten Zone. Hier hatten sich damals die Menschen verschanzt, die nicht übersiedeln wollten. Sie wollten weiterleben wie damals, als es auf der Erde noch Tiere gab und die Menschen ein reichlich primitives Leben führten. Diese Menschen hatten es abgelehnt, mit der modernen Technik zu leben. Sie bevorzugten ihre alte Lebensweise und primitive Geräte, welche sie Bügeleisen, Nähmaschine usw. nannten.

Anfangs waren sie ein beliebtes Ausflugsziel für Schüler, denen man das Leben der Vorfahren am lebenden Objekt zeigte. Mit der Zeit war das Ghetto dann in Vergessenheit geraten. In alten Berichten konnte man zwar von Tieren und Pflanzen lesen, mehr wußte man aber nicht.

Janas Sohn Jan wollte das Tal aufsuchen, um sich zu überzeugen, ob die Tiere etwa aus dem Tal ausgebrochen sein konnten oder ob sie in kriegerischer Absicht von eventuellen Bewohnern des Ghettos auf die Zone losgelassen wurden.

Jan mußte durch viele Instanzen gehen, ehe er die Genehmigung erhielt, mit einer Gruppe von Wissenschaftlern eine Expedition ins Ghetto zu starten.

Staunend standen Jan und die anderen im Tal. Alles hatten sie erwartet, aber das nicht! Sie wähnten sich im Paradies. Überall waren Pflanzen, die sie zum Teil noch nie gesehen hatten. Die Luft war voll von Vögeln und Insekten. In den Bäumen sprangen niedliche Tiere umher. Auch auf der Erde lebten einige, die sie noch nie gesehen hatten. Es handelte sich um große, sehr schöne Tiere, die die verschiedensten Laute von sich gaben.

Jan und sein Team brauchten lange, um sich von dieser Pracht und Schönheit loszureißen und um an die Arbeit zu gehen. Zuerst versuchten sie, Menschen zu finden. Sie durchsuchten das Tal und fanden mancherlei Lebewesen, aber keine Menschen. Es gab Tiere, die große Ähnlichkeit mit Menschen aufwiesen, sich aber als Affen entpuppten.

Endlich fanden sie eine Höhle, deren Eingang verschüttet war. Ob sie hier Menschen finden würden? Sie machten sich daran, die Höhle zu öffnen. Menschen aber fanden sie keine, zumindest keine lebenden. Es lagen einige Skelette in der Höhle, die von den Bio-Historikern als Menschenskelette identifiziert wurden. Wichtigster Fund jedoch war ein unbekanntes Ding, in dem viele Zeichen waren. Von diesen Dingen gab es noch jede Menge in der Höhle. Ben, einer der Historiker, stürzte sich mit einem Freudenschrei auf diese Dinger.

»Bücher, ich werde verrückt, das sind ja Bücher!«

Jan sah ihn erstaunt an. »Na und, was ist das denn, Bücher?« Ben strahlte. »Ein Buch, das ist ein historisches Aufzeichnungsgerät. Hieraus können wir erfahren, wie die Menschen gelebt haben.»Er griff nach den Dingen. »Sieh her, hier steht drin, wie diese Tiere gelebt haben. Und hier«, er griff nach einem anderen Buch. »Hier steht was über die Pflanzen drin. Hier können wir erfahren, wie die Tiere und Pflanzen gehalten werden. Wir können sie zu uns bringen und ein solches Paradies erschaffen!« Er zeigte auf die Umgebung. »Das alles können wir auch machen, wenn wir etwas Glück haben. Und wenn das Ministerium mitmacht.«

Es dauerte eine Weile, bis die anderen begriffen hatten, was er da gesagt hatte.

Wäre ein Beobachter vom Ministerium hiergewesen, er hätte am Verstand dieser Menschen gezweifelt, an den ernsthaften und seriösen Wissenschaftlern, Mitgliedern der privilegierten Oberschicht. Diese tanzten schreiend, singend und lachend umher. Sie jubelten, küßten einander, küßten die Erde, die Pflanzen. Einfach unfaßbar . . .

Maria Schiffinger

Die gewonnene Zeit

*E*s war einmal ein Vater, der hatte drei Söhne. Er liebte sie sehr, und auch die Söhne hingen an ihrem Vater. Nachdem sie lange Zeit glücklich gelebt hatten, wurde der Vater still und traurig.

»Was bedrückt dich, Vater?« fragten die Söhne.

Der Vater antwortete: »Ich sehe meine Haare grau werden und spüre, wie die Zeit unter meinem Leben zerrinnt.«

Die Söhne beschlossen, in die Welt hinauszuziehen, um etwas zu finden, das ihrem Vater helfen könnte, Zeit zu gewinnen. An einer Wegkreuzung trennten sie sich.

Der älteste Sohn wandte sich nach Norden. Nachdem er vierundzwanzig Stunden gegangen war, kam er zu einem kleinen Häuschen, in dem zwölf Zwerge wohnten. Vor dem Haus stand ein Brunnen, aus dem die Zwerge unaufhörlich Wasser schöpften, um ihre Felder bewässern zu können. Der älteste Sohn bemerkte, daß jeder Zwerg jeweils die gleiche Zeitspanne beim Brunnen stand.

»Wie kommt es, daß ihr die Stunde genau erkennt?« fragte er.

Der älteste Zwerg antwortete: »Wir haben ein Ding erfunden, das uns die Zeit genau anzeigt.«

Da dachte der älteste Sohn erfreut: »Das ist das richtige für meinen Vater. Er kann sich die Stunden, die ihm bleiben, besser einteilen und dadurch Zeit gewinnen . . . « Er diente den Zwergen vierundzwanzig Monate und wurde dafür mit der Uhr entlohnt.

Der zweite Sohn wandte sich nach Westen. Er ging einen Tag und eine Nacht und kam zu einem prächtigen Schloß. Darin wohnten zwei Jungfrauen, so schön, wie er sie noch nie gesehen hatte. Die eine trug ein goldfunkelndes Kleid, die andere war in silberglänzendes Tuch gehüllt. Er wurde freundlich aufgenommen. Nach einiger Zeit fragte er die Jungfrauen: »Wie kommt es, daß ich euch immerzu betrachten kann? Geht in eurem Schloß nie das Licht aus?«

Die Jungfrauen lächelten und sagten: »Wir haben ein Ding erfunden, das Licht in die Dunkelheit bringt.«

Da dachte der Sohn erfreut: »Das ist das richtige für meinen Vater. Er kann damit die Nacht verkürzen und dadurch Zeit gewinnen.« Er diente den Jungfrauen Jahr und Tag und wurde dafür mit der Lampe belohnt.

Der dritte Sohn hatte sich nach Süden gewandt. Er ging lange Zeit und kam in ein stilles Tal. Dort lebte ein weiser Mann. Der dritte Sohn verbrachte viele Tage an seiner Seite und bewunderte ihn wegen seiner Scharfsichtigkeit. Schließlich wagte er die Frage:

»Wie kommt es, daß du den Flug des Adlers verfolgen kannst und auch die Wege der Ameisen erkennst?«

Da sagte der weise Mann: »Ich habe ein Ding erfunden, das mich die Dinge schärfer sehen läßt.«

Da dachte der dritte Sohn: »Das ist das richtige für meinen Vater. Er kann die Jahre, die ihm bleiben, besser nutzen und dadurch Zeit gewinnen.«

Der weise Mann überließ dem Sohn die Brille, und dieser machte sich auf den Weg zurück.

Die drei Söhne trafen sich im Haus des Vaters wieder. Der Älteste zeigte die Uhr vor.

»Warum bist du so lange ausgeblieben?« fragte der Vater.

»Ich war im Rad der Zeit eingespannt«, antwortete der Sohn, »und ich entkam ihm keine Minute.«

Der zweite Sohn brachte die Lampe mit dem künstlichen Licht.

»Hast du nicht daran gedacht, schneller zurückzukommen?« fragte der Vater.

»Ich habe das Licht in der Gegenwart gefunden und wollte nicht in das Dunkel der Vergangenheit zurückkehren«, antwortete dieser.

Dann brachte ihm der jüngste Sohn seine Erfindung.

»Auch du hast lange gebraucht, um die Gegenwart in ihren Umrissen zu erkennen«, sagte der Vater.

Der jüngste Sohn nickte: »Mir ist die Zeit verflogen, so wie der Adler fliegt.«

Der Vater sagte darauf: »Mir ist die Zeit so langsam vergangen ohne euch, so langsam, wie die Schnecke kriecht. Mir ist nicht mehr darum, Zeit zu gewinnen. Ich will nicht mehr in ihren Verlauf eingreifen.«

Die Söhne verstanden nicht recht, was damit gemeint war, und verwendeten Uhr, Lampe und Brille selbst. Der Vater jedoch lebte fortan im Einklang mit der Zeit.

Barbara Großer

Die Geschichte von dem Mädchen, das goldene Tränen weinte

*I*n einem Dorf, fern von unserer Zeit, lebten die Menschen glücklich und zufrieden in den Tag hinein.

Dieses Dorf hieß Fortunien.

Die Menschen, die hier lebten, brauchten nicht zu hungern, und ein jeder hatte Arbeit, um seine Familie gut ernähren zu können.

Viele Kinder erfüllten mit ihrem herzlichen Lachen den Alltag der Fortunier. Sie gingen in die Schule, um mehr über das Leben zu erfahren, und sie waren dankbar für die Schönheit der Natur und für die aufrichtige Liebe ihrer Eltern.

Sie waren alle gute Freunde, und Streit war ein Wort, das sie nicht kannten. Sie besaßen vielmehr die Begabung, über alles zu reden und all ihre Spielsachen miteinander zu teilen.

Sie waren nicht neidisch und verspürten nie so etwas wie Haß in ihren Herzen. Diese Menschen führten also ein sehr glückliches, zufriedenes Leben.

Ihr Dorf war weit weg von anderen Orten, und so wußten sie nicht, wie das Leben anderer Menschen im Vergleich zu ihrem war.

Die Ältesten der Fortunier erzählten zwar eine Menge Geschichten über diese Länder, aber dies waren auch nur Nacherzählungen, da keiner von ihnen je einen Fuß aus Fortunien gesetzt hatte.

Am Rande des Dorfes gab es eine schmale Brücke, deren Ende von dichtem Nebel verschleiert war.

Man konnte nicht sehen, was sich dort befand.

Die Dorfbewohner hatten auch kein Interesse daran, da die Schönheit ihres kleinen, aber friedvollen Ortes ganz zu ihrer Zufriedenheit gereichte.

In Fortunien lebte auch ein kleines Mädchen mit dem Namen Fortina.

Von ihrem Äußeren unterschied sie sich kaum von den anderen Kindern des Dorfes. Doch tief in ihrem Herzen war sie doch kein bißchen wie der Rest der Dorfbewohner.

Ihre Eigenart war es, nicht lachen zu können.

Die Eltern von Fortina waren mit ihr schon bei den besten Ärzten gewesen, doch keiner konnte sich das erklären.

Auch die anderen Fortunier machten sich deswegen große Sorgen, da sie so etwas noch nie erlebt hatten.

Abends, wenn die Sonne hinter den Wolken versank und sich die Dunkelheit wie eine Decke über Fortunien legte, wurde es auch für das kleine Mädchen Fortina höchste Zeit, in ihr Bett zu schlüpfen.

Was lange keiner ahnte war, daß sie allein in der Dunkelheit weinte.

Aber sie weinte keine normalen Tränen.

Ihre Tränen waren aus purem Gold.

Sie funkelten so hell in der Finsternis ihres Zimmers, daß die kleine Fortina keine Angst mehr haben mußte und erleichtert einschlafen konnte. Die goldenen Tränen sammelte sie und legte sie in eine Schachtel, die sie unter ihrem Bett versteckte.

Keiner ihrer Freunde und auch niemand von den anderen wußte von ihrem Geheimnis, da Fortina ja nur dann weinte, wenn sie allein war und auch niemandem etwas davon erzählen wollte, aus Angst, daß ihr keiner glauben könnte.

Alles ging gut, bis zu dem Tag, als ihre Mutter die Schachtel unter Fortinas Bett fand, in der sie ihren Schatz hütete.

Als sie fragte, woher so ein kleines Mädchen so viel Gold habe, mußte Fortina die ganze Wahrheit erzählen.

Das wäre ja noch nicht das Schlimmste gewesen, aber als auch die anderen Dorfbewohner davon erfuhren, war es plötzlich ganz unmöglich für Fortina geworden, ein normales Leben zu führen.

Die anderen Kinder waren sogar nur deshalb gemein zu ihr, weil sie sehen wollten, wie sie goldene Tränen weinte.

So war durch ihre Eigenart etwas nach Fortunien gekommen, was zuvor noch niemand kannte. – Das Böse.

Fortina war sehr traurig darüber und beschloß deshalb eines Tages, das Dorf und ihre Familie zu verlassen, um woanders neu anzufangen, wo niemand über ihr Geheimnis Bescheid wußte.

Sie schnürte ihr Bündel mit den paar Dingen, die ihr sehr wichtig waren.

Ihre Schachtel mit den goldenen Tränen ließ sie zurück, da ihr das Gold nicht das Wichtigste war.

Sie verließ ihr Heimatdorf Fortunien und ging auf die schmale Brücke am Rande des Dorfes zu, ohne sich noch einmal nach dem, was sie liebgewonnen hatte, umzudrehen.

Der dichte Nebel hüllte das kleine Mädchen fest ein und begleitete es auf seinem schweren Weg.

Es hatte sich fest vorgenommen, nicht an zu Hause zu denken, um nicht noch trauriger zu werden.

Aber auch dieser Vorsatz half Fortina nicht viel.

Mit jedem Schritt, den sie sich weiter von ihrem Dorf entfernte, wurde ihr kleines Herz immer schwerer.

Sie wollte keine Pause machen, da sie große Angst hatte in der nebelverhangenen, dunklen und fremden Umgebung.

Ohne daß es Fortina selbst bemerkte, weinte sie dicke Tränen.

Tränen aus purem Gold.

Sie fielen zu Boden, während das Mädchen ihren Weg stetig fortsetzte.

Zur gleichen Zeit waren auch zwei dunkle Gestalten unterwegs.

Sie waren nicht weit voneinander entfernt, aber weder das Mädchen noch die beiden Männer wußten von der Anwesenheit des anderen.

Als die Männer an die Stelle kamen, an der Fortina zu weinen begonnen hatte, entdeckten sie die goldenen Tränen auf dem Boden.

Sie bückten sich und sammelten diese funkelnden Goldstücke auf.

Die beiden Gestalten waren von Habgier erfüllt und wollten die Quelle dieses Schatzes finden.

Inzwischen hatte sich Fortina doch entschieden, eine kleine Rast zu machen und setzte sich am Wegrand auf einen Stein.

Sie bemerkte nicht einmal, wie lange sie dort schon gesessen hatte, als plötzlich vor ihr aus dem Nebel die zwei finsteren Gestalten auftauchten.

Fortina erschrak sehr, doch die beiden verstellten sich und waren sehr freundlich zu ihr, so daß sie sehr schnell ihre Angst verlor.

In ihrem Dorf hatte sie noch kaum Erfahrung mit Menschen gemacht, die Böses im Schilde führen, und war daher schnell bereit, den beiden Männern zu vertrauen.

Sie erzählte von ihrem Dorf und davon, daß sie weggelaufen war.

Von ihrem Geheimnis erzählte sie den Fremden nichts.

Fortina ahnte auch nichts davon, daß sie bereits darüber Bescheid wußten und nur deshalb so freundlich zu ihr waren.

Die Männer boten ihr an, für sie zu sorgen und ihr ein neues Zuhause zu geben.

Da Fortina viel Vertrauen hatte, dachte sie sich nichts dabei, als sie den beiden folgte.

Sie führten sie tief in den Wald hinein und blieben nicht stehen, bis sie an ein kleines Haus kamen, das nicht sehr einladend wirkte.

Der eine der Männer öffnete Fortina die Türe, während der andere Fortina mit leichtem Druck ins Innere schob.

Das Mädchen sah sich unsicher um und erschauderte, da die Hütte von innen noch bedrohlicher wirkte als von außen.

Es drehte sich um und wollte weglaufen, doch die Tür war verschlossen, und die beiden Männer standen hämisch grinsend davor.

Da bemerkte es, daß es in eine Falle getappt war, aus der es keinen Ausweg zu geben schien.

Da begann es fürchterlich zu weinen, und die goldenen Tränen prasselten zu Tausenden auf den Boden.

Die beiden finsteren Gestalten staunten nicht schlecht und fingen an, einen Freudentanz aufzuführen.

Fortina hatte nun begriffen, was diese Ganoven von ihr wollten, und sie hätte am liebsten weitergeweint, doch sie hielt es für besser aufzuhören, denn schließlich waren es ja ihre goldenen Tränen, die die beiden von ihr wollten.

Als die Männer das bemerkten, fingen sie sofort an, ihr zu drohen und befahlen ihr, weiter zu weinen.

Fortina blieb jedoch hart und weinte keine einzige Träne mehr.

Da beschlossen die fremden, bösen Männer erst einmal, schlafen zu gehen und ihr Glück am nächsten Tag noch einmal zu versuchen.

Zu genau derselben Stunde setzte sich der Rat der Ältesten in Fortunien zusammen, um zu beratschlagen, was sie tun konnten, um Fortina wiederzufinden. Sehr bald aber wurde klar, warum die Dorfbewohner wollten, daß das kleine Mädchen wiederkam.

Ihre Herzen waren plötzlich kalt wie Eis, und ihre Gedanken drehten sich nur noch um Geld und Besitz.

Sie wollten reich werden durch die goldenen Tränen des Kindes – koste es, was es wolle.

Sie überlegten, mit dem Gold Fortunien zu verlassen und jenseits der Brücke, die aus ihrer Heimat führte, ein neues Leben anzufangen, in dem sie sich alles kaufen könnten, was sie haben wollten.

Dabei machten sie sich keinerlei Gedanken darüber, wie zufrieden und friedvoll sie waren, als noch keiner von Fortinas Geheimnis wußte.

Es war ihnen nur noch wichtig, das Kind zu finden, und jeder von ihnen wollte der erste sein, denn das Wort Freundschaft kannte plötzlich keiner mehr.

Sie stritten bereits kurz nach dem Aufstehen bis hin zur Schlafenszeit.

Jeder stritt mit jedem, und einer war habgierieger als der andere.

Aber niemand in Fortunien bemerkte, was mit ihnen geschehen war – bis auf Fortinas Eltern.

Sie waren sehr traurig darüber, daß ihr kleines Mädchen verschwunden war und beteten jeden Tag darum, daß es doch wiederkäme.

Sie waren keineswegs an dem Gold interessiert, sondern nur an ihrer Tochter, die sie von ganzem Herzen lieb hatten.

Über der Hütte der bösen Männer war inzwischen die Sonne hinter den Wolken hervorgeklettert und blinzelte besorgt beim Fenster hinein.

Dort lag Fortina – zusammengekauert auf einer harten Matratze.

Die Sonnenstrahlen kitzelten sie an der Nase, als wollten sie ihr Trost und Kraft geben, das Kommende durchzustehen.

Das kleine Mädchen öffnete die Augen und wußte erst gar nicht, wo es war, bis es die Stimmen der Männer neben sich hörte.

Sofort machte es die Augen wieder zu und hoffte, daß es so erfahren würde, was die beiden Halunken vorhatten.

Was es da hören mußte, erschreckte es sehr.

Die beiden beschlossen, mit Fortina in ihr Dorf zurückzugehen, um dort in Erfahrung zu bringen, ob alle Bewohner die Begabung hätten, goldene Tränen weinen zu können.

Sie weckten das kleine Mädchen, nahmen es fest bei der Hand und machten sich auf den Weg nach Fortunien.

So sehr es auch bettelte und flehte, die zwei Männer ließen sich nicht umstimmen und steuerten weiterhin zielstrebig auf Fortinas Heimatdorf zu.

In Fortunien hingegen war niemand auf diesen Besuch vorbereitet, weil sie alle viel zu sehr damit beschäftigt waren, zu schimpfen und zu streiten und davon zu träumen, wie schön es wäre, reich zu sein.

Darum bemerkte auch niemand, wie sich die beiden Männer mit Fortina über die Brücke schlichen und das Dorf betraten.

Das Mädchen mußte den beiden genau sagen, von welcher Stelle im Dorf man ihre Forderungen am besten hören konnte und sie dorthin führen.

Dort angekommen, begannen die beiden Männer zu rufen: »Wenn ihr dieses kleine Mädchen gesund wiederhaben wollt, müßt ihr unsere Bedingungen genau erfüllen. Geht nun alle in eure Häuser und weint soviel goldene Tränen für uns, wie ihr tragen könnt. Erst dann geben wir euch Fortina zurück.«

Der Dorfälteste trat aus seinem Haus und schritt langsam auf die Männer zu. Er erklärte ihnen, daß kein anderer Mensch außer Fortina in der Lage war, goldene Tränen zu weinen.

Da wurden die beiden Männer sehr wütend und riefen: »Das werden wir gleich sehen, ob ihr dazu fähig seid, wenn wir euch erst Grund geben, bitterlich zu weinen.«

Währenddessen waren auch die anderen Dorfbewohner aus ihren Häusern gekommen, um zu sehen, was dort vor sich ging.

Als ihnen das Ausmaß der Bedrohung deutlich wurde, bekamen sie plötzlich furchtbare Angst und drückten sich eng aneinander.

Die beiden Männer gingen mit haßerfülltem Blick auf die Menschen zu, schubsten sie beiseite und fingen an, die Häuser des Dorfes zu zerstören.

Statt einzugreifen, waren die Fortunier wie gelähmt vor Angst und sahen entsetzt zu, was die beiden Männer anrichteten.

Unterdessen lief Fortina zu ihren Eltern, um dort Schutz zu suchen. Ihr Vater nahm sie fest in seine Arme und versuchte, sie zu trösten.

Erst als die Männer alles zerstört hatten und dann Fortina wieder mitnehmen wollten, erwachte in den Fortuniern ein Gefühl, das sie schon lange nicht mehr empfunden hatten: Liebe.

Sie liefen auf die finsteren Gestalten zu, stellten sich ihnen in den

Weg, um zu verhindern, daß sie ihnen das Kind erneut wegnähmen.

Die Männer erschraken, weil sie mit dieser Gegenwehr nicht gerechnet hatten, zögerten einen kurzen Moment und liefen dann schnell weg.

Als den Dorfbewohnern bewußt wurde, daß die Gefahr vorüber war, versammelten sich alle um Fortina und ihre Eltern.

Lange Zeit sagte keiner ein Wort, bis schließlich der Dorfälteste zu reden begann: »Liebe Freunde, was wir heute erleben mußten, war sicher das Schlimmste, was einem Menschen passieren kann. Und doch können wir zutiefst dankbar und glücklich sein, weil wir nun alle wieder vereint sind.

Unsere Häuser können wir wieder aufbauen, doch dieses kleine Mädchen, unsere Fortina, hätte uns keiner ersetzen können.«

Da geschah etwas, mit dem keiner gerechnet hatte.

Fortina sah in die Runde und begann zu lächeln.

Sie lächelte, hell wie der schönste Sonnenstrahl – glücklicher, als ein Mensch je gelächelt hat.

Ihr Lächeln ließ die Vögel wieder zwitschern, und der Schmerz in den Herzen der Fortunier verflog wie ein dunkler Schatten.

Sie reichten sich die Hände, nahmen das kleine Mädchen in ihre Mitte und tanzten.

Sie schöpften Kraft aus diesem Tanz, um ihr Leben wieder in Ordnung bringen zu können.

Durch das Lächeln des kleinen Mädchens wurde ihnen plötzlich bewußt, daß kein Schatz der Welt, kein Vermögen auf dieser Erde die Liebe und Freundlichkeit eines Menschen ersetzen kann.

Michael Dräger

Die Tautropfensammler

In jener Zeit, da die Eltern der Eltern unserer Eltern noch nicht
auf der Welt waren, und die Zukunft noch vor uns allen lag, in
jener Zeit also, lebte ein Volk auf der Erde, das den Menschen
nicht unähnlich war: wesentlich kleiner zwar (knapp größer als
ein Floh, aber viel kleiner als eine Ameise) und wesentlich zarter
(zerbrechlich wie die Eintagsfliege und auch so schlaksig, doch
um vieles gelenkiger, als wir es sind), aber ausgestattet mit demselben starken Willen, ihren Lebensraum zu beherrschen und mit
dem gleichen Drang, das Schöne zu sammeln und zu konservieren, auf daß es nie wieder verginge.

In jener Zeit also vor unserer Zeit lebte das Volk der Lefen.
Sie führten ein unbeschwertes Leben, denn nichts bedrohte ihre
Existenz. Sie waren glücklich und zufrieden, nun ja, nicht ganz.
Denn etwas ließ ihren kleinen Herzen keine Ruhe: die Tautropfen, die auf den Halmen ihres Reiches wuchsen. Die Tautropfen,
die auch wir kennen, die an manchem klaren Sommermorgen
das Schönwetter verkünden, diese Tautropfen also wuchsen
schon damals in der Zeit der Lefen.

Die Lefen konnten nicht genug bekommen vom Anblick der
Tropfen, wie sie da so hingen an den Halmen, wie sie da so glitzerten in der Sonne, wie sie leuchteten und blinkten im Licht
jedes neuen Morgens.

Dieses machte sich der böse Mogn zunutze und pflanzte in
die Herzen einiger Lefen den unstillbaren Wunsch, diese Tautropfen zu sammeln und zu konservieren. Als diese Lefen eines Mor-

gens erwachten, nahmen sie ihre Spinnweb-Säcke (unseren Jute-Taschen sehr ähnlich, doch undurchlässiger – so wie ein Plastiksackerl) und schlichen sich heimlich zu den Halmen.

Sie hatten nur eines im Sinn: diese Tropfen zu sammeln und aufzubewahren – jeder für sich allein. Sie begannen zu überlegen, was sie damit alles machen könnten: die Kinder könnten sie rollen, auf ihnen reiten, mit ihnen kugeln; die erwachsenen Lefen könnten sie mit einem Haken an den Wänden ihrer Wohnbauten befestigen, um sie täglich zu bewundern; die Alten wiederum mochten aus ihnen die Vergangenheit lesen und ihren Erinnerungen nachhängen. So hatten sie also diese Pläne, als sie aus ihren Wohnbauten in die Morgendämmerung schlichen.

Doch schon bald mußten sie erkennen, daß die Tautropfen zersprangen, sobald sie im Spinnweb-Sack gelandet waren, manche rannen den Lefen sogar schon vorher zwischen den Fingern durch. Alles, was von den glänzenden, funkelnden, silbrig schimmernden Tropfen übriggeblieben war, war eine trübe Lache Wasser, die gerade noch zum Blumengießen reichte.

Jene Lefen, die vom bösen Mogn auserwählt waren, Tautropfen zu sammeln, konnten ihrem Wunsch immer schwerer widerstehen. Sie versuchten, die verschiedensten Wege zu finden, der Tautropfen Herr zu werden, sie zu sammeln und sie in ihren Wohnbauten aufzubewahren. So beauftragte einer der Lefen – ganz im geheimen – einen genialen Erfinder mit der Anfertigung einer Tautropfen-Sammelmaschine. Ab diesem Zeitpunkt aber gab es keine Geheimnisse mehr. Der Erfinder nämlich mußte andere bitten, ihm zu helfen; er brauchte Material für seine Maschine. So verbreitete sich das Gerücht vom Tautropfensammeln wie ein Waldbrand – und von nun an wollte jeder der Lefen einen eigenen Tautropfen besitzen: die Kinder, um ihn zu rollen, auf ihm zu reiten oder mit ihm zu kugeln; die erwachsenen Lefen, um ihn mit einem Haken an einer der Wände ihrer Wohnbauten zu befestigen und ihn täglich bewundern zu können; die Alten wiederum, um aus ihm die Vergangenheit zu lesen und um ihren Erinnerungen nachhängen zu können.

Doch trotz aller modernen Technik, trotz aller möglichen und unmöglichen Versuche passierte immer wieder dasselbe: kaum nahmen die Lefen einen Tautropfen vom Halm, verlor er seinen Glanz, zerrann ihnen zwischen den Fingern und wurde zu trübem Wasser, das gerade noch zum Blumengießen reichte.

Der böse Mogn freute sich schon auf jenen Tag, an dem der letzte Tautropfen geerntet sein würde. Denn dann wären die Lefen zu Tode unglücklich, weil all das Schöne aus ihrer Welt verloren war. Dann endlich konnte er von ihrer Welt Besitz ergreifen und das Reich der Lefen für alle Zeit beherrschen.

Die Lefen aber berieten in ihrer Not, da die Tautropfen langsam dem Ende zugingen. Sie beschlossen, Laechim zur alten Surula zu schicken, um sie um ihren weisen Rat zu fragen.

Laechim machte sich auf den Weg durch die Halme zum Wohnbau der alten Surula; auf dem Weg dorthin überkam ihn große Traurigkeit, denn die Tautropfen, die sein Herz ein Leben lang erfreut hatten, waren fast alle schon gerodet. Nur hie und da gab es noch eine Lichtung, an der sie von den Halmen glänzten und in der Sonne glitzerten. Er hatte sich noch nie so sinnlos gefühlt, und die Leere in ihm nahm ihm die Kraft, schnell voranzukommen.

Den Lefen, die zurückgeblieben waren, erging es ebenso. Und um sich nur irgendwie zu erfreuen, versuchten sie immer und immer wieder verzweifelt, der Tautropfen Herr zu werden und sie für ihre Wohnbauten und ihr Leben zu gewinnen.

Laechim blieb lange Zeit weg, und der Tautropfenbestand im Reich der Lefen wurde von Tag zu Tag, ja von Stunde zu Stunde geringer. Da endlich kehrte er zurück, um Jahre gealtert, gebückt und vom Schmerz seines leeren Lebens gepeinigt. Er trat vor die Lefen, um ihnen die Botschaft der alten Surula zu überbringen:

»Der einzige Weg ist der folgende: Sammelt die Tautropfen mit euren Augen, saugt sie auf mit all euren Sinnen und bewahrt sie in euren Gedanken. Nur dann werdet ihr die perfekte Tautropfensammlung und euer Leben gewinnen.«

Der böse Mogn aber hatte von diesem Tag an keinen Platz mehr im Herzen der Lefen. Und dennoch gab er sich nicht geschlagen, denn einmal, vielleicht, einmal in ferner Zeit, gibt es wieder Lefen, die der Tautropfen-Sammlerwut nicht widerstehen können.

Ulrich Stryjewski

Der verlorene Schlüssel

*E*s lebte einmal in einer kleinen Stadt eine schöne Frau. Sie war nicht mehr jung, aber auch nicht so alt, um nur noch im Lehnstuhl zu sitzen und sich der vergangenen Zeiten, der glücklichen und der weniger glücklichen, in Freude oder in Wehmut zu erinnern. Aber wie so viele Menschen hatte sie die Fähigkeit verloren, Liebe zu schenken und Liebe zu empfangen.

Die schöne Frau wohnte in einem prachtvollen, großen Haus mit einem Mann zusammen, der sehr reich war. Da gab es teure Möbel, kostbare Teppiche und eine Kellerbar mit exotischen Getränken. Im großen Garten wuchsen seltene Blumen, für deren Pflege ein Gärtner zuständig war, und an den Wegen ringsum standen prachtvolle Statuen. Die Frau und der Mann besaßen jeder ein kostspieliges Auto, die Frau trug elegante Kleider und wertvollen Schmuck, und der Mann kaufte erlesene Eßwaren. Er sorgte auch für amüsante Gesellschaften in der Villa.

Der Frau mangelte es nicht an Hab und Gut und auch nicht an Abwechslung und Vergnügen.

Dennoch war sie nicht zufrieden mit ihrem Leben. Etwas fehlte ihr zum vollständigen Glücklichsein. Das spürte sie tief in ihrem Innern, aber sie wußte nicht, was es wohl sein könnte.

Fragte sie den Mann, ob er nicht wüßte, was ihr zum vollständigen Glücklichsein fehlte, runzelte er die Stirn, griff nach seiner Brieftasche und sagte:

»Wieviel?«

Immer wenn sie dieses Wort hörte, ging die Frau traurig in ihr Zimmer und setzte sich an das Tischchen vor den Spiegel, als hoffte sie, von ihrem Spiegelbild eine Antwort auf ihre Frage zu bekommen.

Gedankenverloren öffnete sie dann die Schublade des Tischchens und berührte wie im Traum mit den Fingerspitzen eine kleine, alte Schatulle, die aus ihrer Mädchenzeit stammte. Doch nach einer Weile zog sie ihre Hand wieder zurück und schloß die Schublade.

Im Spiegel sah sie nur die harten Linien um ihren Mund, sah ihre matten Augen und die ersten kleinen Falten an ihrem Hals. Und dann weinte sie wie ein Kind.

Eines Tages tat die schöne Frau etwas, was sie sich lange nicht mehr zugetraut hatte. Sie verließ allein die Villa, durchquerte die Siedlung und kam an den Stadtrand. Dort lief sie, wie früher als junges Mädchen, den Feldrain entlang und setzte sich auf eine Blumenwiese. Danach schritt sie barfuß über den Moosteppich eines Waldes.

Auf ihrem Spaziergang begegnete sie bald einem Mann, der nicht im Villenviertel wohnte und den sie vorher nie gesehen hatte. Der Mann war, wie sie, nicht mehr jung, aber nicht so alt, um das Leben schon hinter sich gelassen zu haben. Er hatte harte Linien um den Mund und matte Augen, wie sie, und zudem waren graue Strähnen in seinem Haar.

Die schöne Frau und der fremde Mann machten sich einander bekannt. Ja, sie sprachen den ganzen weiteren Weg miteinander, und ein jeder gefiel dem anderen, daß sie sich am Tag darauf und an den folgenden Tagen wieder im Wald trafen.

Einmal besuchte die Frau den Mann, der im Nachbarort wohnte. Zuerst erschrak sie, denn die Wohnung, in der er lebte, war klein und armselig. Aber es war eine Katze da, die sofort um ihre Beine strich und sie auf diese Weise willkommen hieß. Nun fand die Frau die Wohnung des Mannes nicht mehr ganz so armselig.

In der folgenden Zeit kam sie des öfteren zu dem Mann und seiner Katze.

Bei einem ihrer Besuche in der Wohnung des Mannes entdeckte die Frau einen kleinen Schlüssel, den die Katze zwischen den Vorderpforten hielt. Er war aus weißem Marmor.

Die Frau fragte den Mann, was es auf sich hätte mit dem Schlüssel.

Da antwortete der Mann:

»Das ist der Schlüssel zu meinen Gefühlen.«

Die Frau wunderte sich, denn solche Worte hatte sie nie zuvor gehört. Neugierig blickte sie immer wieder nach der Katze, die sich auf dem Sofa wohlig streckte, und nach dem Schlüssel.

»Wer ihn besitzt«, erklärte ihr der Mann, »darf meine Gefühle aufschließen.«

Schnell senkte die Frau den Blick. Sie errötete, aber der Mann sprach weiter:

»Einige haben ihn besessen. Aber sie haben ihn nicht gewärmt und gehütet, sondern mit ihm gespielt. Nun gehört er der Katze.«

Als die Frau wieder aufblickte, bemerkte sie, daß der Schlüssel ein paar dunkle Risse auf der glatten Oberfläche hatte. Sie sahen aus wie Narben.

Sie trat näher heran.

Schnell versteckte die Katze den Schlüssel unter ihrem Fell.

Sogleich veränderte sich der Gesichtsausdruck des Mannes. Seine Augen, die eben noch matt waren, begannen zu leuchten. Die harten Züge um seinen Mund verschwanden, als er die Katze streichelte. Die Katze begann zu schnurren.

Etwas wie Neid kam in der Frau auf.

»Darf ich?« fragte sie und wunderte sich über ihren Mut.

Der Mann zögerte lange. Aber dann, nachdem er in die Augen der Frau geschaut hatte, zog er den Schlüssel unter dem Körper der Katze hervor und gab ihn ihr.

Die Frau nahm ihn behutsam entgegen. Sogleich fühlte sie, wie ihre Hände, die eben noch verkrampft und kalt gewesen waren, weich und warm wurden. Dabei spürte sie leise, ganz leise in ihrem Innern eine neue Art von Glücklichsein.

Nach einer Weile blickte sie wie benommen auf. Was sie

sah, erfreute sie, aber es erschreckte sie zugleich. Aus den Augen des Mannes leuchtete so viel Zärtlichkeit, wie sie es nie zuvor bei einem Mann und schon gar nicht bei dem Mann, mit dem sie zusammenlebte, gesehen hatte. Ihr wurde ganz schwindlig, und schnell blickte sie zu Boden.

»Hab keine Angst!« sagte der Mann.

Er streichelte ihr Haar, berührte ihre Wangen, und dann küßte er sie auf den Mund.

Da wurde sie ganz starr, und ihre Hände verkrampften sich so sehr, daß der Schlüssel zu Boden fiel.

Im Nu wurden die Augen des Mannes wieder matt, und sein Gesicht war traurig.

Erschrocken lief die Frau aus der Wohnung. Ja, sie rannte davon, als wäre sie auf der Flucht vor etwas Unbekanntem, das nach ihr greifen und sie umschlingen wollte.

Nach einigen Tagen der Verwirrung faßte die Frau wieder Mut, in den Ort hinter dem Wald und in die Wohnung des Mannes zu gehen. Dieses Mal gab er ihr den Schlüssel ohne zu zögern. Und sie spürte es wieder: die Ahnung eines neuen Glücklichseins.

Aber als der Mann sie umarmen und küssen wollte, verschloß sie ihre Lippen vor lauter Angst.

»Schenke mir deinen Schlüssel!« sprach der Mann sanft. »Ich will ihn behüten, wie du den meinen!«

Wieder erschrak die Frau, und ihr Herz verkrampfte sich und schmerzte, als ihr bewußt wurde, daß sie keinen Schlüssel besaß. Jedenfalls konnte sie sich nicht daran erinnern, jemals in ihrem Leben jemandem einen Schlüssel aus weißem Marmor geschenkt zu haben.

Der Mann streichelte ihr Haar, er berührte ihre Wangen und Augen, die feucht waren. Aber er versuchte nicht wieder, sie zu küssen. Gar zu hart waren ihre Züge geworden und fest verschlossen ihre Lippen vor lauter Gram.

Zu Hause suchte die Frau nach ihrem weißen Marmorschlüssel, aber sie konnte ihn in der Villa nicht finden.

Da setzte sie sich in ihrem Zimmer an das Tischchen vor den Spiegel und weinte bitterlich.

Tage und Wochen vergingen. Die Frau besuchte nur noch selten den Mann im Nachbarort. Sie traf ihn auch nicht mehr oft auf der Blumenwiese im Wald. Denn jedesmal wurde sie so mutlos, wenn er zu ihr sagte:

»Nun schenke mir deinen Schlüssel, bitte!«

Jedesmal versprach sie ihm, beim nächsten Mal ihren Schlüssel mitzubringen, aber immer kam sie ohne ihn. Und so mußte sie zusehen, wie der Mann seinen Schlüssel mit den dunklen Narben der Katze gab, die nicht mit ihm spielte und ihn nicht fallen ließ, sondern ihn mit ihrem Fell wärmte und mit ihrem Körper behütete, daß die Augen des Mannes leuchteten und sein Gesicht weich wurde.

Wohl berührte auch sie einige Male den Schlüssel mit den Fingern, aber zaghaft nur. Es wurde ihr jedesmal schwindlig, wenn der Mann sie zärtlich anschaute. Und so verzweifelt war sie immer, wenn er leise fragte:

»Warum willst du mir deinen Schlüssel nicht schenken?«

»Ich möchte es ja!« rief sie unter Tränen. »Aber ich kann ihn nicht finden! Ich muß ihn verloren haben!«

Zu Hause suchte sie wieder verzweifelt in allen Zimmern und Räumen, sogar in den Fluren, in der Kellerbar und im großen Garten. Dabei wurde sie trauriger und trauriger, weil sie ja nun verstand, daß sie ohne ihren eigenen Schlüssel weiterhin unfähig sein würde, Liebe zu empfangen.

Also lebte sie weiter in der luxuriösen Villa bei dem reichen Mann, der ihren Kummer nicht bemerkte oder nichts davon wissen wollte, und sie nahm das Leben hin, wie es war und wie es immer gewesen war. Sie fühlte sich unglücklicher und ärmer denn je.

Einmal fragte sie den Mann, mit dem sie zusammenlebte, ob er nicht wüßte, wo ihr Schlüssel wäre.

Er runzelte die Stirn und sagte nur:

»Das mußt du doch am besten wissen, wo dein Schlüssel zu unserem Safe ist! Ich habe ihn nicht!«

Nein, er hatte ihren weißen Marmorschlüssel nicht, er hatte nie nach ihm gefragt. Er hatte ihr auch nie den seinen geschenkt.

In ihrem Zimmer weinte sie, bis sie müde wurde und ihren Kopf auf das Tischchen vor dem Spiegel stützen mußte. Der

Schlaf umfing sie, er war wie eine weiche Daunendecke, unter der sie dankbar Schutz suchte ...

Wieder saß die Frau an dem kleinen Tisch und blickte in den Spiegel. Sie war alt geworden. Ihr einst so glänzendes Haar war grau und stumpf, ihr Gesicht verblüht und über und über mit Falten und Runzeln bedeckt.

Sie wollte sich erheben, aber das Aufstehen bereitete ihr Mühe. Ihr ganzer Körper schmerzte. So blieb sie sitzen.

Gedankenverloren öffnete sie die Schubladen des Tischchens, und da sah sie wieder die Schatulle. Ach, es war nur ein unscheinbares Kästchen aus ihrer Mädchenzeit, einer Zeit, wie sie sich jetzt erinnerte, in der sie noch glücklich und zum ersten Mal verliebt gewesen war. Sie hatte das Kästchen eines Tages enttäuscht weggelegt, es in all den Jahren nicht weiter beachtet, geschweige denn geöffnet.

Auch jetzt wollte sie die Schublade wieder schließen, als sie plötzlich eine Stimme hörte:

»Hab Vertrauen und nicht Angst!«

Verwundert hob sie den Kopf und sah die Katze des Mannes aus dem Nachbarort. Mit warmen, gütigen Augen schaute sie aus dem Spiegel heraus.

»In dieses Kästchen hast du das hineingetan«, sprach die Katze weiter, »nach dem du später in deinem Innern sehnsüchtig suchtest, während du nach außen hin die Verzichtende spieltest. Öffne es also!«

»Jetzt ist es dafür zu spät!« rief die Frau.

»Wenn du das Kästchen öffnest«, sprach die Katze unbeirrt weiter, »wirst du etwas Verlorengegangenes wiederfinden.«

»Ich habe Angst davor!« rief die Frau.

»Hab Vertrauen und nicht Angst!« entgegnete die Katze.

Und damit verschwand die Erscheinung.

Zögernd öffnete die Frau die Schatulle. Doch dann staunte sie sehr, was da an längst vergessenen Dingen und Erinnerungen zum Vorschein kam. In dem Kästchen lagen bunte Lackbilder, getrocknete Blumen, Haarspangen, ein Ring, kleine vollgeschriebene Hefte und ein Bündel Liebesbriefe.

Ihr Herz fing heftig an zu klopfen, als sie die Briefe, die vergilbt waren, beiseite schob. Und wirklich – zwischen den vergessenen, aber jetzt wieder aufgetauchten Dingen aus ihrer Mädchenzeit lag auch der Schlüssel aus weißem Marmor.

Er sah wie neu aus, ja, bis auf einen kleinen Kratzer auf der glatten Oberfläche sah er aus, als sei er nie benutzt worden.

Die Frau griff mit zitternden Händen nach dem Schlüssel. Und in jähem Schmerz preßte sie ihn mit ihren welken Händen an die Brust.

Und sie starrte ihn immer wieder an, den Schlüssel, den sie in ihrer Mädchenzeit, als er den Kratzer abbekommen hatte, ängstlich weggelegt, eingeschlossen und danach vergessen hatte. Niemand hatte ihn seitdem besessen. Und so hatte niemand noch einmal mit ihm spielen können, aber es hatte auch keiner ihn wärmen und behüten und ihre Gefühle damit aufschließen dürfen.

Ein Gefühl der Panik überkam die Frau. Sie wollte aufspringen und schnell zu dem Mann in den Nachbarort laufen.

Aber nein, sie war zu alt und gebrechlich. Sie war auch so müde, ja, sie fühlte sich wie gelähmt. Und wenn sie in den Spiegel sah – nein, es war besser so, hier auf dem Stuhl sitzen zu bleiben und den Schlüssel an den alten Platz zurückzutun, wo er lange, so lange gelegen hatte.

Eine Weile saß sie ganz still, aber dann kamen entsetzliche, dunkle Ängste über sie. Da fing sie zu schreien an. Sie schrie so laut sie konnte . . .

Sie schreckte hoch, als eine Hand grob ihre Schulter rüttelte.

»Warum schreist du so?«

»Mein Schlüssel . . .«, flüsterte sie. »Ich habe meinen Schlüssel verloren . . .«

»Welchen Schlüssel?«

»Den Schlüssel zu meinen Gefühlen . . . Wer ihn besitzt, darf meine Gefühle aufschließen . . .«

»Was?«

»Ich habe meinen Schlüssel verloren . . .«, schluchzte und weinte sie.

»Was hast du?«

»Ich habe ihn viel zu spät wiedergefunden . . . «

»Du hast deinen Schlüssel zu unserem Safe verloren und ihn viel zu spät wiedergefunden?«

Da drehte sie sich um.

»Ist was gestohlen worden?« schrie der Mann sie an.

Und er machte eine drohende Handbewegung und schrie weiter:

»Wehe, wenn etwas gestohlen wurde aus unserem Safe!«

Schnell blickte die Frau auf ihre Hände, die glatt waren und nicht welk. Immer noch ungläubig schaute sie in den Spiegel, und erst als sie sah, daß ihr Haar glänzend war und nicht grau und stumpf und ihr Gesicht weich war und nicht verblüht und mit Falten und Runzeln bedeckt, da sagte sie zu dem Mann:

»Entschuldige, bitte! Ich hatte einen schrecklichen Traum!«

Der Mann murmelte etwas Unverständliches, begann zu fluchen und verließ eilig das Zimmer.

Die Frau zog die Schublade des Tischchens auf, griff nach dem kleinen, alten Kästchen und öffnete es. Dann nahm sie den Schlüssel aus weißem Marmor heraus.

Er sah wie neu aus, ja, er hatte nur einen kleinen Kratzer auf der glatten Oberfläche.

Schon am nächsten Tag ging die schöne Frau fort aus der Villa. Sie ließ alles zurück: die Möbel und Teppiche, ihre Kleider und ihren Schmuck, das Auto, den Mann.

Am Stadtrand lief sie lachend und singend, wie einst als junges Mädchen, den Feldrain entlang und über den Moosteppich des Waldes.

Die Leute, die sie sahen, schüttelten verwundert die Köpfe. Aber sie preßte den Schlüssel an ihre Brust, als fürchtete sie, ihn noch einmal zu verlieren.

Günther Kaip

Die Milchstraße

$\mathcal{A}$uf der Hauptstraße, auf der vor zwei Stunden ein betrunkener Bauer gestolpert war und sich das gesamte Gesicht aufgeschürft hatte, hockte der Gemeindearzt mit seiner vierzehnjährigen Tochter und zeichnete mit roter Kreide den Querschnitt eines menschlichen Schädels auf den schwarzen Asphalt.

Eine alte Bäuerin, die vor dem Kirchenaltar kniete und einen Rosenkranz für ihre Toten betete, stieß, als sie sich ächzend erhob, die neben ihr stehende Milchkanne um, so daß sich die Milch über den roten Altarteppich ergoß. Erschrocken betrachtete sie den größer werdenden Fleck, blickte verstohlen zum Erlöser und überzeugte sich, daß seine hervorquellenden Augen noch immer auf seine blutüberströmten Füße gerichtet waren, wandte sich um und trippelte so schnell sie konnte durch die Kirche, versprach dabei dem Herrgott drei Vaterunser, die sie zu Hause beten wollte, warf zusätzlich in den am Eingang stehenden Opferstock einige Münzen und trat in grelles Sonnenlicht, das sie für Augenblicke vollkommen blind machte. Deutlich hörte sie das Knirschen von Schuhsohlen auf den Portaltreppen, ein verhaltenes Keuchen und, als sie die Augen wieder öffnen konnte, nahm sie den Mesner wahr, der grußlos und unter der Last eines großen Rucksacks gebückt an der Bäuerin vorbei hochstieg und dabei auf die Kanne starrte, von der Milch auf den Steinboden tropfte. Er folgte mit seinem Blick belustigt der Tropfenlinie, die in das Dunkel der Kirche führte, betrachtete dann die Bäuerin, die sich jedoch abgewandt hatte und ihm die schwarze Ansicht ihres Rückens bot, während sie über die Stufen den Dorfplatz erreichte und nicht mehr sehen konnte, daß der Mesner auf der Milchtropfenlinie in die Kirche balancierte, den Körper, um das Gleichgewicht zu halten, grotesk verrenkte, wobei der Rucksack auf dem Rücken von einer auf die andere Seite rutschte.

Indessen überquerte die Bäuerin den Dorfplatz und blieb neben dem knieenden Gemeindearzt stehen. Sie betrachtete interessiert die Zeichnung, bis der Arzt aufblickte und mit einem Kopfnicken grüßte, während die neben ihm hockende Tochter ihr dünnes blondes Haar aus der Stirn strich. Durch diese Bewegung wölbte sich das Hemd, und die Bäuerin sah die kleinen festen Brüste. Gerne hätte sie ihre vom Rheuma verbogenen Hände auf die Jungmädchenhaut gelegt, und vielleicht wären die kleinen Brustwarzen aufgestanden, hart und trotzig unter dieser Berührung, überrascht von der Kälte der Hände, die wie kleine Särge an den Handgelenken baumelten. Mit diesen Händen, die sich immer mehr versteiften, hatte die Bäuerin verbotene Knöpfe geöffnet, den Stock gehalten, um ihre Kinder zu züchtigen, Bücher zerrissen und den Ältesten geschlagen, bis er in einer Ecke kauerte und mit den Händen sein Gesicht schützte; sie hatte Kleider zerschnitten und sie zusammengeknotet, um sich daran zu erhängen, Ernte eingebracht, bis die Haut platzte, sich vor den Schlägen des betrunkenen Mannes geschützt, Tränen zu einem Nagelbrett gedrechselt, das sie stets mit sich trug. Diese zerrissenen Hände, in denen der Abdruck eines zu Ende gehenden Lebens war, das angeblich ihr Leben gewesen war, eingestanzt in pergamentene Haut; diese Hände, die nie schreiben konnten, aber auf denen wie auf Endlospapier viel geschrieben worden war.

Das Auflachen des Arztes, der die Bäuerin die ganze Zeit über beobachtet hatte, ließ sie aus diesen Gedanken auffahren. Sie ging grußlos weiter. Auf den Stufen zum Gasthaus blieb sie stehen und drehte sich nach der lauten Stimme des Arztes um, der mit hochrotem Kopf die Lautstärke steigerte, so daß er im ganzen

Dorf zu hören war. Er erklärte der Tochter jede einzelne Linie, jede Schnittstelle in der Zeichnung, redete in einem rauschhaften Monolog, zu dem die Tochter nur noch stumm nicken konnte, während sie mit dem rechten Fuß nervös wippte und sich im Gewirr der Linien verlor. Die Bäuerin bedauerte das Mädchen, das nervös an den Fingernägeln kaute und den Blick zum Himmel richtete, als würde es um Erlösung flehen. Die Bäuerin schweifte mit ihrem Blick über die vertrauten Häuserzeilen, verharrte am Haus des Schwagers und betrachtete ihre Schwester beim Fensterputzen. Die war jünger und ein hochmütiger Eindringling, den sie schon als Säugling ersticken hatte wollen, und fast hätte sie es geschafft, wäre nicht die Mutter dazugekommen. Diese Schwester, deretwegen sie nie einen Mann für sich haben konnte, hatte jetzt die gleichen schlaffen Brüste, die gleiche welke Haut, den gleichstarken Haarausfall wie sie. Und wie sie dort auf der Hausleiter stand, die Schwester, und sich zum oberen Fensterrahmen streckte, den Kopf nah am Glas, den Giraffenhals gedehnt – »*Oh Glas, gib ihr die gerechte Strafe*« flüsterte die Bäuerin –, hob sich ihr Rock und entblößte aufgeblasene Beine, die sich früher um die Hüften unzähliger Männer geschlungen hatten. Diese in häßlichen braunen Strümpfen steckenden Beine, auf denen die Schwester einst ihren Körper gewiegt hatte, der immer bereit gewesen war, an dem kein Mann vorbei konnte, ohne daran zu denken, wie er wohl schmecken, riechen, sich anfühlen würde, dieser Körper einer Hure, ja, das war sie, eine verdammte Sauhur, die Schwester, die auch den seligen Herrn Pfarrer – Gott möge ihm verzeihen – verführt hatte, die Todsünderin, die Hur die.

Mit diesen Gedanken, die sie zum Schwitzen brachten, drückte die Bäuerin endlich die Türklinke hinunter, sah für einen Augenblick ihr Spiegelbild, in das sich die Gestalt des Wirts drängte. Wortlos ging sie an ihm vorüber und achtete nicht auf die zornigen Worte, die er ihr wegen des Zuspätkommens nachrief, während sie sein stechender Schweißgeruch einhüllte. Selbst in der Küche war er, und sie schauderte bei dem Gedanken, daß sie ihn noch auf ihrem Sterbebett in der Nase haben würde. Sie stellte die Milchkanne auf die Anrichte, hob den Deckel ab und erschrak, daß fast keine Milch mehr da war. Schon hatte sie den Drehknopf der Wasserleitung erreicht, um die Milch zu strecken, drehte sich jedoch noch einmal um und ließ vor Schreck die Kanne auf den Boden fallen, als sie den Wirt in der Küchentür erblickte. Die Milch rann in die Fugen der Steinfliesen, und sie bückte sich, um nach einem Aufwischfetzen zu suchen, hielt jedoch in der Bewegung inne, da sie das Klappern rasch nahender Holzpantoffeln hörte. Sie sah auf und starrte in das schweißnasse Gesicht des Wirts, der ihr wortlos die Hand auf die Schulter legte und sie aus der Küche zu schieben begann, sie vor sich hertrieb, durch den Schankraum, wo sie beinahe über einen Holzschemel stürzte. Der Wirt lachte und öffnete mit übertriebener Höflichkeit die Tür. Die Stirn ans Glas gelehnt beobachtete er, wie die Bäuerin langsam die Stufen hinabstieg, eine stämmige, großgewachsene Alte, die unvermittelt stehenblieb und vergeblich nach dem Dorfarzt und seiner Tochter Ausschau hielt, vergeblich ihre Schwester suchte, die, wie sie hoffte, blutend unter dem Fenster lag und sich in Glasscherben wälzte. Auf dem Dorfplatz spielten einige Kinder mit großen bunten Bällen, die sie in die Höhe warfen und wieder auffingen. Im Flug verwandelten sie sich zu Schrumpfköpfen mit flackernden Augen, und ihre Münder schnappten wie Fische nach Luft. Deutlich erkannte die Bäuerin die Gesichtszüge längst verstorbener Verwandter, die ihr wohl als Geleit dienen sollten.

Aber sie wollte noch nicht sterben, das war zu früh, denn zuerst war die Schwester dran, das mußten die Toten doch wissen. Sie sank erschöpft auf eine Bank und schloß die Augen. Weitere drei Vaterunser, wenn sich herausstellen sollte, daß alles nur Einbildung war. *Vater unser, der du bist . . .* , und sie öffnete die Augen, sah keine Kinder mehr, na also, keine Schrumpfköpfe, na also, sah aber dafür einen Mann über den Dorfplatz eilen, schwankend und abgehetzt, mit zerrissener Kleidung und geschundenem Gesicht, in dem ausdruckslose, auf das Gasthaus gerichtete Augen lagen, als würde dort der Heiland samt Erlösung auf ihn warten. Sie erhob sich ächzend von der Bank und nickte dem auf sie zukommenden Mann zu. Er machte nicht den Eindruck eines Touristen auf sie, eher glich er einem fliehenden Verbrecher. Er schien sie nicht bemerkt zu haben, denn fast hätte er sie umgerannt. Nur ihre Standfestigkeit bewahrte sie vor einem Sturz. Sie stemmte sich ihm entgegen und schlang gleichzeitig die Arme um ihn. Beide schwankten in dieser Umarmung. Als sie den Mann freigab, konnte sie die Verwunderung in seinem Gesicht ablesen, während er ihr die Hand entgegenstreckte. Schließlich gab sie ihm doch die ihre, überrascht von seinem sanften, alles umschließenden Druck. Sie blickte in sein Gesicht und erkannte, daß er das Gesicht eines Leidenden besaß, dessen Unheil noch nicht wirklich begonnen hatte, und sie entschloß sich, daheim für ihn zu beten. Da sie aber Blicke auf sich und dem Fremden lasten fühlte, entzog sie ihm die Hand und bekreuzigte sich, während er weiterging, beobachtet von den Kindern, die auf den Stufen zur Kirche saßen, beobachtet von ihrer Schwester, die, mit einem schäbigen Hausfrauenkittel bekleidet, auf dem Weg zum Kaufhaus war, und beobachtet vom Wirt, der vor dem Gasthaus stand und den Mann zu erwarten schien, der gerade die Hauptstraße überquerte, während sie den Heimweg einschlug, wehmütig, da sie der Fremde an ihren ältesten Sohn erinnerte, der in die Stadt gezogen war und nichts mehr von sich hören ließ, der ungefähr das gleiche Alter wie der Mann hatte, der soeben das Gasthaus betrat.

Vor der Kirche blieb sie kurz stehen und überlegte, ob sie nicht doch für den befleckten Altartepich eine Kerze spenden sollte, verwarf aber diesen Gedanken, als sie ihren Mann auf sich zukommen sah. Er war auf dem Weg ins Gasthaus und blieb wie angewurzelt stehen, faßte sich jedoch wieder und eilte scheu wie ein aufgeschrecktes Reh vorüber. Der Feigling, murmelte die Bäuerin und lächelte stumpf. Am Abend würde er zurückkommen, betrunken und nicht mehr fähig zu sprechen, dem es nichts ausmachte, in seinem Erbrochenen zu schlafen. Kein Wort würde sie mit ihm reden, nichts kochen, nicht einmal Kaffee würde sie ihm machen, für diesen Mann, den sie mitschleppen mußte, denn schließlich waren sie vor Gott Mann und Frau, und nur der Tod konnte sie scheiden. In letzter Zeit wurde sie immer wütend, wenn sie an den Tod dachte, der ihr wie ein lächerlicher Abschluß eines umsonst gelebten Daseins vorkam. Mit jedem Tag tauchte die Welt immer tiefer in einen undurchdringlichen Nebel, bis sie ganz verschwunden sein würde. Und da half auch ihr Glaube an die Versprechungen des Heilands nichts, zu dem sie bei jeder Gelegenheit betete und um weniger Schwere flehte. Alle Leiden, die sie ertragen hatte, und vor Verbitterung wurde ihr Mund zu einem blassen Strich, waren umsonst gewesen. Selbst das Lieben war ihr schon immer schwergefallen, zumindest hatten es die Falschen von ihr gefordert. Da war schon der eine oder der andere gewesen, aber die Irmgard, die Schwester, die Sauhur, die hatte immer ihre Pläne durchkreuzt, das verlotterte Ding, die wahrscheinlich jetzt im Gasthaus bei den Männern saß und soff, daß ihr das Bier übers fette Kinn rann, die B'soffene die. Die Bäuerin blinzelte in die Mittagssonne, die das Gesicht wärmte. Vor ihr lag der Hof, den sie mit in die Ehe gebracht hatte, ihr Gefängnis, der Ort ihrer Strafe und Sühne, wo sie damals ohne fremde Hilfe den Ältesten auf die Welt gebracht hatte, weil der Mann fort war, auf ihrer Schwester lag, der Dreckige der; ganz allein war sie, nur der Mond schaute mit glühenden Rändern beim Fenster herein; und als der Älteste rauskroch, begann der Mond zu brennen, lichterloh, so daß sie glaubte, der Weltuntergang wäre da. Und sie begann zu beten, während dieses kleine Ding jämmerlich schrie, so daß sie verstummte und verzweifelt nach einer tröstlichen Melodie suchte. Aber es schrie weiter, obwohl sie es doch an die Brust legte, und es war so kalt und wollte nicht warm werden, bis auch sie weinte, weil sie so allein war und fror, während der Mond brannte, so lichterloh, und ihn niemand sah, außer ihr und dem kleinen Ding, das schon ganz blau war, weil es nicht atmen wollte.

Die Bäuerin betrat das Haus und ging in ihre Kammer, legte sich aufs Bett, noch immer das gleiche Bett, dachte sie, und schaute durchs Fenster, starrte auf die Stelle am Himmel, wo sie einmal den Mond brennen gesehen hatte, wo jetzt die Sonne stand und ihr ins Gesicht schlug. Und plötzlich stieg ihr der stechende

Schweißgeruch des Wirts in die Nase, obwohl bei ihrem Eintritt alles nach Lavendel geduftet hatte und sie in der Kammer allein war. Und als ihr einfiel, daß sie die Milchkanne in der Gasthausküche vergessen hatte, mußte sie noch einmal lächeln, trotz des unerträglichen Schweißgeruchs, der sich jetzt wie ein Plastiksack über ihren Schädel stülpte und ihr den Atem nahm, während ihre Augen in eine verschwommene Ferne sahen; wie Milchglas, dachte sie noch, das schmilzt und am Himmel verströmt.

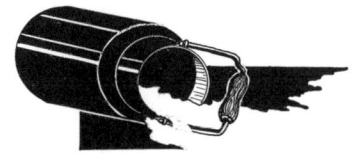

Ralf Radzuweit

Einsam zu zweit

*D*as Café war fast leer. Nur zwei Tische waren von zwei einsamen Menschen besetzt, die sich mit glanzlosen Augen in eine Zeitschrift vertieften. Als Stefan durch die Schwingtür trat und sie geräuschvoll zufallen ließ, blickten sie kaum auf. Wer immer hereinkam, sie beachteten ihn nicht, genausowenig wie Stefan sie beachtete. Müde setzte er sich an einen Tisch am Fenster und schaute hinaus. Schneeflocken fielen, getrieben vom Wind, gegen die Scheibe; Schnee bedeckte die ganze Straße wie ein großes gefüttertes Laken, das einen ganzen Ort bedecken mochte. Stefan liebte den Schnee. Er ließ ihn die Kälte des Winters vergessen, wärmte sein Herz und belebte seine romantische Ader aufs Neue. Heute ist Heiligabend, dachte er. Stell dir vor, es ist Heiligabend, und du bist allein. Nein, stell es dir nicht vor. Du *bist* allein, ganz allein, und niemand wird mit dir vor einem geschmückten Tannenbaum sitzen und diesen Tag mit dir feiern. Die Wärme eines anderen Körpers, die Zuneigung eines geliebten Menschen, sie wird dir heute ganz besonders fehlen.

Wer liebt dich schon, fragte er sich dann, und ihm kamen fast die Tränen. Niemand liebt dich! Auf dieser Welt – unter all diesen Menschen, die gehetzt, schwer beladen mit großen Tüten und noch größeren Paketen durch die Straßen liefen – war kein einziger dabei, der einen kurzen Augenblick an ihn verschwendete. Aber wie sollte es auch jemand tun, wenn er sich selbst nicht liebte? Er haßte alles, was er tat und was er war, und er haßte

83

das, was er nicht war. Du darfst nicht hassen, belehrte er sich, nicht heute, nicht am Tag der Liebe!

Er lehnte sich zurück und kramte mit einer Hand in der kleinen Tüte, die neben seinem Stuhl lag. Er holte ein kleines längliches Päckchen heraus, in dem sich eine Uhr befand. Sein Weihnachtsgeschenk, sein einziges Geschenk. Eine Uhr, damit er die Zeit nicht vergaß, damit er wußte, wann dieser heilige Tag zu Ende war.

»Frohe Weihnachten!« Der Kellner holte ihn aus seinen Gedanken und nahm seine Bestellung auf. Eine Tasse Kaffee, für mehr reichte sein Geldbeutel nicht; der Geldbeutel eines erfolglosen Kunstmalers, dessen Zukunft in mattschwarzes Pech getaucht war. Er rührte in seinem Kaffee, nahm den Keks vom Unterteller und steckte ihn sich in den Mund. Langsam und vorsichtig kaute er, so als handelte es sich um etwas Kostbares, das nie wieder seinem Gaumen zugeführt würde. In sich versunken bemerkte er nicht, daß jemand an seinen Tisch trat; erst als ihn eine Hand zaghaft an der Schulter berührte, drehte er sich schwerfällig herum.

»Stefan? Stefan Schröder?«

»Angelika?« Alles in ihm vibrierte. Das Blut in seinen Adern schien zu kochen, und sein Herz schlug aufgeregt gegen seinen Brustkasten. Angelika, die Frau seiner Träume, die Frau, die ihm manch schlaflose Nacht bereitet hatte, die Frau, der er seine wahren Gefühle nie zeigen konnte, gerade, weil er sie geliebt hatte und immer noch liebte. *Sie* stand nun vor ihm. In Fleisch und Blut. So schön wie damals, als er sie das erste Mal gesehen hatte. Ihre Stimme war immer noch so weich, so zart, so wohlklingend. Ihre Stimme, die er nie recht beschreiben konnte, weil die deutsche Sprache nicht kraftvoll genug war, um etwas wirklich Bedeutendes gefühlvoll auszudrücken. Angelika setzte sich ihm gegenüber. Sie bewegte sich mit einer Grazie, die ihn nervös machte. Alles an ihr machte ihn nervös. Sie brauchte sich nur durchs Haar zu fahren und ihm standen Schweißtropfen auf der Stirn, seine Hände zitterten, und sein Mund wurde so trocken wie

Pergament. Sie redeten über belanglose Dinge – über Gegenwärtiges, nicht über Vergangenes. Stefan aus Prinzip und Angelika, weil sie wußte, daß die Vergangenheit ihm weh tat.

»Und – was tust du heute?« fragte sie ihn.

»Was soll ich tun? Ich setze mich vor den Fernseher, und irgendwann werde ich einschlafen. Du weißt ja, daß . . .«

»Ja«, sagte sie sanft, »ich weiß . . .«

»Und du? Verbringst du die Festtage bei deinen Eltern?«

»Meine Eltern sind dieses Jahr nicht da. Sie machen Skiurlaub in Österreich.«

»Oh!« sagte Stefan und senkte den Blick, als suchte er etwas auf dem Boden. Er schämte sich für seinen plötzlichen Einfall, der ihm gekommen war. Was wird sie von mir denken, wenn ich sie einlade, fragte er sich. Sie wird denken, daß ich auch einer von denen bin, die nur . . . Er wunderte sich über sich selbst, als er seine Gedanken dennoch aussprach. Fließend, ohne jegliches Stottern oder Zittern in der Stimme, kam der Satz über seine Lippen. Noch mehr aber wunderte ihn, daß sie einwilligte. Lag da nicht sogar etwas wie Freude in ihren Worten? Freute sie sich über seine Einladung? Nein, das konnte nicht sein. Er mußte sich verhört haben.

»Ich werde gegen drei Uhr bei dir sein.« Sie reichte ihm die Hand, ihre zarte Hand, und er ergriff sie so vorsichtig, als befürchtete er, sie zu verletzen, wenn der Druck über ein Berühren hinausging. Noch lange saß er in sich gekehrt an seinem Tisch. Ein aufmerksamer Beobachter hätte sich über den Ausdruck in seinen Augen gewundert. Es war eine seltsame Mischung aus Glück und Qual . . .

Stefan war nie ein Hausmann gewesen. Heute aber übertraf er sich selbst. Er hatte Staub gewischt, die Wohnung gründlich gesaugt und geputzt. Die Kacheln und Fliesen in Bad und Küche glänzten wie schon seit Jahren nicht mehr, die Wäsche, die er vor etwa einer Woche gewaschen hatte, lag nun gebügelt im Schrank, und alles war aufgeräumt, wenn auch manches in einem grenzenlosen Wirrwarr in den Schubladen seiner Anrichten lag. Aber Hauptsache verstaut und nicht dem prüfenden Blick seines Gastes ausgesetzt. Gast? fragte er sich. Warum sagst du nicht: Deine zukünftige Frau? Er lachte leise in sich hinein. Verträumt lag er auf seinem Bett, die Hände hinter seinem Kopf verschränkt, die Augen geschlossen. Wie schön es war zu träumen, die Gedanken schweifen zu lassen, über Dinge nachzusinnen, die vielleicht nie eintraten, Dinge, die einer Illusion gleichkamen. Du und solch eine Frau? meldete sich eine Stimme in ihm. So eine Frau wird sich niemals in dich verlieben! Sie hat Klasse, und was hast du ...? Schau doch einmal in den Spiegel! Denke darüber nach, was du in deinem Leben erreicht hast. Kunstmaler nennst du dich? Andere nennen es arbeitslos ... Die Stimme quälte ihn, und er hätte ihr am liebsten befohlen, still zu sein. Doch die Stim-me war ein Teil seines Ichs. Es war eine mahnende Stimme, die seiner manchmal überfließenden Phantasie Einhalt gebot.

»Laß mir doch meine Träume!« schrie er in den Raum hinein. »Was habe ich denn anderes als sie?« Seine Augen schimmerten feucht, aber er weinte nicht. Er hatte schon seit langem nicht mehr geweint, er hatte es verlernt, und er bedauerte es. Es erschreckte ihn geradezu, daß sein Innerstes seine Gefühle kontrollierte, sie nicht herausließ. Sie blieben gefangen in seinem erkalteten Herzen, und er wußte, nur eine Frau, die ihn liebte, konnte die Kälte vertreiben. Eine Frau wie Angelika.

Das Läuten an der Wohnungstür erschreckte ihn. Sie ist da, durchfuhr es ihn, sie ist gekommen. Fast wünschte er, sie wäre nicht gekommen. Wie sollte er ihr seine Liebe erklären? Wie konnte er damit leben, wenn sie ihm sagte, daß sie ihn nicht liebte? Er wußte nicht, wie er dann reagierte. Manchmal kannte er sich selbst nicht. Angelika sah einfach wunderschön aus. Dezent geschminkt, in einen braunen Mantel gekleidet, und mit glücklich leuchtenden Augen trat sie ein. Ihre Haare waren naß vom Schnee, und Stefan hätte am liebsten sofort ein Handtuch geholt, um sie ihr trockenzureiben. Einmal mit den Händen über ihre Haare streichen, über ihre Wangen, ihren Hals; einmal ihre Lippen küssen, nur einmal ...

»Schön hast du's hier«, sagte sie, und ihre rechte Hand berührte beiläufig seinen Rücken, was ihn angenehm erschauern ließ. Später – im Wohnzimmer – setzte sie sich im Schneidersitz vor den Weihnachtsbaum, der mit Lametta und roten und silbernen Kugeln geschmückt war. Wie ein Kind saß sie da, hingerissen von dem feierlichen Anlaß, mit geröteten Wangen. Stefan beobachtete sie verträumt. Den ganzen Tag hätte er sie anschauen können, wenn sie sich nicht unvermittelt umgedreht und ihn ihrerseits angesehen hätte. Er mußte seinen Blick abwenden, denn seine Augen verrieten ihn.

Was verraten sie? Daß du sie liebst? Sollen sie das nicht tun? fragte ihn die Stimme in seinem Innern. Natürlich will ich ihr sagen, daß ich sie liebe, daß ich verrückt nach ihr bin. Aber wie werde ich es verkraften können, wenn sie meine Gefühle nicht erwidert? Nein, ich kann es ihr nicht sagen. Ich bin nicht stark genug. Ich ... ich habe Angst.

»Schön hast du's hier«, sagte Angelika ein zweites Mal. Sie betrachtete seine Bilder. Bilder von fremden Welten, schöneren Welten. Wo wahre Liebe noch einen Platz fand und immer währte, wo sie grenzenlos blieb und niemals starb. »Was kostet so ein Gemälde? Deine Art zu zeichnen, gefällt mir. Du bist ein Künstler.«

Du kannst sie alle haben. Umsonst! Doch schenke mir dafür ein bißchen Zuneigung, schenke mir deine Nähe, deine Wärme, deine Liebe. Schenke mir all dies aus freiem Willen, denn sonst will ich nichts davon haben. Lieber will ich sterben, als aus Mitleid geliebt zu werden, denn nichts ist entwürdigender, nichts demütigender.

»Such dir ein Bild aus«, sagte er.

»Du willst kein Geld dafür?«

»Es ist ein Weihnachtsgeschenk.«

Aufgeregt rieb sie sich am Unterarm, und sie betrachtete die Gemälde wie Diamanten von hohem Karatgehalt. Ein so kostbares Geschenk hatte ihr noch kein Mensch gemacht. Etwas von jemandem zu besitzen, das er selbst geschaffen hatte, etwas, was einmalig war, ein Unikat schöpferischer Kraft. Viele Männer hatten ihr in ihrem Leben Blumen geschenkt. Angelika liebte Blumen zwar, aber sie wußte auch um die Einfallslosigkeit dieses Geschenks. Jeder bekam für ein paar Mark einen Strauß, und er verblühte rasch. So rasch vielleicht, wie manche Liebe verblühte, die keinen fruchtbaren Boden besaß, auf dem sie gedeihen konnte. Nein, ein Blumenstrauß ließ sich im Vorbeigehen besorgen. Und der Mann, der ihn kaufte, konnte dabei an sonst etwas denken: an Geschäfte, an einen neuen Wagen, an sein eigenes Ego; er konnte vollkommen gedankenlos dabei sein.

Mehr Wert maß sie einem Brief bei. Denn einen Brief schreibt niemand nebenher. Viel Gefühl gehört dazu und ein ganz besonderes Geschenk: die eigene Zeit, die der Schreiber dafür aufwendet, und das Befassen mit dem anderen, dem vielleicht geliebten Menschen. Jeder persönliche Brief ist ein Unikat, genauso wie dieses Gemälde. Beides ist ein Geschenk an Zeit, und beides drückt etwas Besonderes aus. Ja, Angelika liebte Briefe, denn Blumen konnte sie sich selber kaufen, wenn sie sich an ihrem Duft und ihrem Anblick erfreuen wollte.

»Das hier, das gefällt mir am besten.« Sie zeigte auf ein Bild, auf dem ein Paar zu sehen war, das sich zärtlich umarmte. Im Hintergrund bekämpften sich Krieger mit Lanzen und Speeren; Haß und Zerstörung tobten wie eine Welle der Gewalt hinter ihnen, eine Flut, die sie zu begraben drohte, sie vielleicht mit sich riß. Aber das Paar schien von all dem unbeeindruckt zu sein. Mochte die Welt zusammenbrechen, mochte das Blut aller Schlachten aus einer dunklen Wolke auf sie herniederregnen, so gab es doch eins, was ihnen keiner nehmen konnte: ihre Liebe! Mit ihrer Liebe schützten sie sich vor der Kälte ihrer Welt, und ihre Liebe nahmen sie da mit hin, wo alles endete: in den Tod.

» ... es drückt so viel aus!«

»Ja«, sagte Stefan, »es ist auch mein Lieblingsbild.«

»Und trotzdem verschenkst du es?« Sie sah ihn lange an, suchte etwas in ihm zu entdecken, aber seine Gesichtszüge blieben hart und seine Augen leer. Sie weigerten sich zu erzählen, was in ihm vorging.

»Danke«, sagte sie deshalb nur kurz, und Stefan wandte sich ab und schenkte Kaffee ein.

»Ich habe Kuchen gekauft. Käsekuchen. Ich hoffe, du magst Käsekuchen?«

»Bitte?« fragte sie gedankenverloren. »Ja, natürlich.«

Während sie Kaffee tranken und Kuchen aßen, sagten sie nichts, bis Stefan das Schweigen brach. »Es ist schön, daß du hier bist. Seit dem Tod meiner Eltern habe ich kein Weihnachtsfest mehr gefeiert, und das war falsch. Man muß den Dingen entgegentreten, man kann sie nicht abwenden, aber man muß mit ihnen leben können. Nichts, was geschehen ist, kann ein Mensch ändern. Er kann sich nur den veränderten Vorzeichen anpassen und einfach weiterleben.«

»Aber das ist nicht leicht.«

Es ist auch nicht leicht, dir meine Liebe zu gestehen. Es ist, verdammt nochmal, überhaupt nicht leicht. Mit schrecklichen Ereignissen muß ich mich abfinden, aber vor Entscheidungen kann ich mich drücken.

»Ja, nur bleibt uns nichts übrig«, sagte er.

Angelika schaute auf die Uhr. »Ich muß los, Stefan.«

»Jetzt schon? Es ist doch erst sechs.«

Im Flur half er ihr in den Mantel. Sie gaben sich die Hand, und er berührte sie mit der anderen zaghaft an der Schulter. Wie gern hätte er sie umarmt. »Ich wünsche dir noch schöne Festtage!«

»Das wünsche ich dir auch.«

»Angelika?« Sie war schon im Treppenhaus, als er ihr nachrief.

»Ja?« Sie drehte sich ein letztes Mal um und schaute ihm direkt in die Augen. Sein Mut schwand dahin. Sag ihr, daß du sie liebst, Feigling! Sag es ihr!

»Ach, nichts! Es ... es ist nicht so wichtig.«

Dann war sie fort, entschwunden im Schneegestöber wie ein flüchtiger Gedanke in seinem Kopf. Stefan holte seinen Mantel, zog feste Stiefel an und verließ seine Wohnung. Solange der Duft ihres Parfüms sie erfüllte, konnte er nicht hierbleiben. Er mußte durch die Dunkelheit laufen, die Kälte spüren und den Schnee. Damit er wußte, daß er noch lebte. Auch ohne Liebe.

Peter Bergmann

Mondfänger

*W*enn Pit, der Fischer, nachts mit seinem Boot aufs Meer fuhr, gab es für ihn nichts Schöneres, als sich auf ein zusammengefaltetes Segel zu legen und in den Himmel zu schauen. Er lauschte auf das leise Knarren der Segel im Wind und das Plätschern der Wellen, die gegen das Boot schlugen. Blickte er zurück, sah er im nachtschwarzen Wasser eine goldglänzende Spur, die sich hinter dem Boot in der Dunkelheit wieder verlor. Pit hatte den Sternen eigene Namen gegeben. Er erzählte ihnen von seinen Träumen und seinen Wünschen. Oft aber kletterte Pit auf den Mast, um seinem besten Freund, dem Mond, näher zu sein. Er streckte ihm seine Hände entgegen und versuchte, ihn zu berühren. Einmal hatte Pit dabei bemerkt, daß er das Mondlicht ergreifen konnte. Als er seine Hand zurückzog, leuchtete diese wie der Mond. So hatte er begonnen, von seinen nächtlichen Fahrten, verborgen in einem Tuch, Mondlicht mit in seine ärmliche Hütte zu nehmen. Das silberne Licht verwandelte dann für kurze Zeit den Raum in eine glitzernde und funkelnde Welt. Danach entschwand es wieder und kehrte zum Mond zurück. Pit ging sehr sorgfältig mit dem Licht um. Niemand sollte dieses Geheimnis erfahren.

Eines Tages lernte Pit ein Mädchen kennen. Sie hieß Angela und war die Tochter eines armen Fischers wie er einer war. Angela war ein anmutiges Mädchen. Ihre Haare waren so dunkel wie der Nachthimmel, und ihre Augen funkelten wie die Sterne. Pit gefiel das Mädchen, und auch sie fand Gefallen an ihm. So dauerte es nicht lange, und in der ärmlichen Fischerhütte wurde eine fröhliche Hochzeit gefeiert. In all der Zeit, in der sie sich kannten, hatte ihr Pit jedoch nie etwas von seinem großen Geheimnis verraten. Anfangs nahm er kein Mondlicht mit nach Hause, doch allmählich steigerte sich sein Verlangen danach so sehr, daß er eines Nachts beschloß, wieder Mondlicht mit nach Hause zu nehmen und Angela in sein Geheimnis einzuweihen.

Mit großen Augen wurde er von Angela beobachtet, wie er ein Stückchen Stoff vor sie hinlegte und sie aufforderte, das Bündel zu öffnen. Vorsichtig knüpfte sie das Tuch auf. Wie groß aber war ihre Überraschung, als sich dann plötzlich das schlichte Zimmer in einen Raum verwandelte, wie ihn auch der mächtigste König nicht besitzen konnte. Im silbernen Schimmer war Angela noch schöner als jemals zuvor. Sie umarmten einander, und Pit erklärte ihr das Geheimnis des Lichtes. Angela mußte Pit versprechen, keiner Menschenseele nur ein Sterbenswörtchen zu verraten.

Doch wie das mit Geheimnissen so ist: bald verbreitete sich die Nachricht vom geheimnisvollen Licht bis in den Palast des Königs. Der wollte die Erzählung zuerst gar nicht glauben. Schließlich aber ließ er doch Pit zu sich rufen.

»Man hat mir berichtet, daß du ein Zauberer bist«, sprach ihn der König an. »Nun, wenn das stimmt, so fordere ich dich auf, mir diesen Zauber vorzuführen.«

Pit erschrak, als er feststellen mußte, daß sein Geheimnis verraten worden war. Doch angesichts des Königs wagte er es nicht zu leugnen.

»Es ist kein Zauber«, erklärte er, »sondern nur das Licht des Mondes, das ich mit meinen Händen fange. Das ist mein ganzes Geheimnis.«

Ungläubig blickte ihn der König an. »Du machst dich wohl lustig über deinen König«, donnerte er. »Niemand kann das Mondlicht einfangen. Aber wenn du mir dein Geheimnis nicht verraten willst, gut, ich habe noch andere Möglichkeiten, dich zum Sprechen zu bringen. Wachen, sperrt diesen Fischer in den Turm und laßt ihn erst wieder frei, wenn er sich eines Besseren besonnen hat.«

Die Wachen packten Pit und wollten ihn in den Turm zerren. Doch Pit riß sich los und rannte zum König zurück. Er sank vor ihm auf die Knie und flehte: »Hoheit, habt Erbarmen mit mir. Ich habe euch die Wahrheit gesagt. Laßt mich gehen, und ich bringe euch das Licht des Mondes.«

»Nun denn, du sollst beweisen, daß du die Wahrheit berichtet hast. Aber du darfst nicht alleine gehen. Mein Kanzler soll dich begleiten und zwei Soldaten. Solltest du zu fliehen versuchen, wird es dir schlecht ergehen.«

Pit eilte nach Hause. Er nahm Angela bei den Händen und blickte ihr traurig in die Augen. »Ich habe dir vertraut. Warum hast du unser Geheimnis verraten? Nun muß ich dem König das Mondlicht bringen, und das ist erst der Anfang.« Er wollte noch mehr sagen. Doch er wurde ungeduldig von den Soldaten fortgerissen. Angela sah ihm erschrocken nach. Voller Scham dachte sie an Pit, der nun seines größten Glücks beraubt wurde. Schuld und Trauer erfüllten sie ob ihrer Treulosigkeit.

Währenddessen fuhr Pit mit den Männern aufs Meer hinaus und fing dort wie üblich das Mondlicht ein. Ungläubig beobachteten die Männer dieses Schauspiel. Auch der Kanzler wollte das Mondlicht ergreifen, doch alle seine Versuche mißlangen. Pit war der einzige, der dieses Wunder vollbringen konnte. Zum König zurückgekehrt, öffnete Pit vorsichtig das zusammengeknüpfte Tuch. Augenblicklich verbreitete sich das Licht im Thronsaal und verwandelte ihn in eine funkelnde und glitzernde Welt. Die versammelten Diener und Wächter, selbst der König, klatschten vor Begeisterung in die Hände. Nur Pit blieb ernst. Er dachte an den Mond und dessen Schicksal, wenn er dem König noch mehr Licht bringen mußte. Auch der Sohn des Königs, Prinz Albert, lachte nicht. Tränen rannen aus seinen Augen. Der Mond tat ihm leid. Er fühlte mit ihm dessen Verlust. Doch still mußte er sich den tyrannischen Wünschen des Vaters beugen. Des Königs Miene verfinsterte sich, als das Mondlicht allmählich wieder verblaßte.

»Mehr, ich will mehr«, schrie er zornig. »Fischer, bringe mir jeden Tag mehr Licht, wenn dir dein Leben lieb ist. Ich will so viel Licht haben, daß es niemals dunkel wird in meinem Schloß. Nur ich darf das Mondlicht haben. Ich bin der König!«

Pit hatte diesen Wunsch die ganze Zeit bereits geahnt. Verängstigt verließ er das Schloß. Er mußte tun, was ihm befohlen war. Angela seufzte tief, als sie vom Befehl des Königs hörte. Sie klammerte sich an Pit und schluchzte: »Das wollte ich nicht. Bitte verzeihe mir.« Pit, der Angela liebte wie sein eigenes Leben, umarmte sie und versuchte, sie zu trösten. »Laß ab, es war mein Fehler. Ich hätte das Mondlicht nicht mit nach Hause nehmen dürfen. Dort draußen am Meer war es immer am schönsten. Aber ich war zu stolz auf meine Fähigkeit und eitel, weil ich das Mondlicht fangen konnte. Ich habe dich nur unnötig in Versuchung geführt. Doch nun müssen wir uns fügen und warten, was weiter geschieht.«

So geschah es, daß Pit von nun an jede Nacht in sein Boot stieg, ausgestattet mit zahlreichen Tüchern, in denen er das Mondlicht einfangen konnte. Im Palast durfte er die Tücher erst in einer eigens dafür eingerichteten Kammer öffnen. Deren Fenster waren geschlossen und mit schwerem Stoff verhängt. Diesen Raum durfte sonst nur noch der König betreten, der den Zauber des eingefangenen Lichts mit niemandem mehr teilen wollte. Angela kränkte sich über ihren Verrat so sehr, daß sie mit jeder Nacht, in der Pit aufs Meer fuhr, blässer und schwächer wurde. Aber auch mit dem Mond ging eine Veränderung vor sich. War er früher kugelrund und strahlend hell, so wurde er nun immer dünner und blässer. Das von Pit eingefangene Licht konnte nicht mehr zum Mond zurückkehren. So nahm auch der Mond mit jeder Nacht immer mehr ab.

Eines Nachts geschah, was Pit insgeheim befürchtet hatte. Der Mond erschien nicht mehr am Himmel. Solange Pit in dieser Nacht auch wartete, der Mond kam nicht mehr zum Vorschein. Der König wurde zornig, als er diese Nachricht erfuhr.

»Was erzählst du mir da? Ein paar Tage erst bringst du mir

das Mondlicht und schon soll der Mond verschwunden sein! Fahre morgen neuerlich hinaus, und wehe dir, wenn du ohne Licht zurückkehrst.« Pit wollte erwidern, daß der Mond für immer verschwunden sei und erst durch die Befreiung seines Lichts wieder erscheinen würde. Aber er traute sich dies aus Furcht vor dem Zorn des Königs nicht auzusprechen. So setzte er sich auf die Stufen des Palastes und dachte über sein Schicksal und das des Mondes nach. Da klopfte ihm von hinten jemand auf die Schulter. Erschrocken sprang Pit auf. Vor ihm stand der Prinz. Pit wollte sich verneigen, doch der Knabe winkte ab und bat ihn, sich zu ihm zu setzen. »Ich habe beobachtet, wie der Mond jede Nacht dünner geworden ist, und nun ist er ganz weg. Stimmt es, daß die Gier meines Vaters daran schuld ist?« Pit nickte zustimmend. Der Prinz begann zu weinen. »Wenn der Mond nicht mehr da ist, wer wird meine Einsamkeit mit mir teilen? Wie finster werden die Nächte werden?« – »Und wer wird mir den Weg nach Hause leuchten, wenn ich nachts aufs Meer fahre?« setzte Pit fort. Und dann dachte er an Angela, die vor Gram und Kummer immer kränker wurde. »Angela, was soll ich machen, wenn du nicht mehr da bist?«

Da faßte Pit einen Entschluß. »Ich habe das Mondlicht gefangen, und ich werde es wieder befreien. Und wenn es das letzte ist, was ich in meinem Leben vollbringe. Ich habe zuviel Leid über euch alle gebracht.« Entschlossen sprang Pit auf, nahm seine Tücher in die Hand und lief in den Palast zurück. Die Wächter ließen ihn passieren. Sie kannten Pit und glaubten, er würde neues Mondlicht bringen. Bald stand er vor der verschlossenen Kammer. Entschlossen begann Pit, die Türe aufzudrücken. Krachend sprang diese schließlich auf. Sofort begann er, die Tücher von den Wänden zu reißen. In diesem Moment kam der König herbei. Auf einem Blick erkannte er, was Pit vorhatte und stürzte sich auf ihn.

»Na warte, Schurke, du willst mein Mondlicht stehlen.«

»Es ist nicht euer Mondlicht«, entgegnete Pit. »Es gehört allen Menschen, den Reichen wie auch den Armen. Alle lieben den Mond und brauchen ihn. Die Kinder als Licht in der Finsternis, die Liebenden, um zu träumen, die Kranken, damit er ihre schlaflosen

Nächte begleite. Der Mond war schon da, als es euch noch nicht gab. Und er soll noch da sein, wenn es uns alle nicht mehr geben wird. Es war nicht recht von mir, daß ich euch das Mondlicht brachte. Ich weiß nicht, warum ich diese Fähigkeit besitze, oder wer sie mir geschenkt hat. Aber ich weiß, daß ich diese Fähigkeit nicht dazu verwenden darf, das Licht des Mondes zu stehlen. Ihr könnt mein Leben nehmen, aber nicht den Menschen das Mondlicht.« Der König packte Pit und versuchte, ihn aus der Kammer zu zerren. Pit wehrte sich mit Leibeskräften. Der König rief nach seiner Wache. Schon kamen die Männer angestürmt. Pit sah nur mehr eine Möglichkeit zu handeln. Er ergriff einen Kerzenleuchter und schleuderte ihn mit letzter Kraft Richtung Fenster. Dann wurde er von den Soldaten des Königs zu Boden gerissen. Pit konnte nicht mehr sehen, ob er das Fenster getroffen hatte. Aber er hörte das Glas brechen. Da begann auch schon das Mondlicht zu entweichen. Der König schrie auf: »Nein, bleib hier, Licht. Du gehörst mir, mir alleine.« Doch so sehr der König auch schrie, das Licht in der Kammer verblaßte zusehens. Da trat eine seltsame Veränderung mit dem König ein. Er wurde plötzlich immer durchsichtiger. Das Mondlicht schien ihn mit sich zu ziehen. Staunend beobachteten die anwesenden Männer dieses Schauspiel. Der König schien davon nichts zu bemerken. Immer leiser und entfernter klang seine Stimme. Schließlich war der König verschwunden. Die Wächter blickten Pit ratlos an und wollten sich neuerlich auf ihn stürzen. Da wurden sie vom Prinzen aufgehalten. »Laßt den Mann gehen. Was er getan hat, war richtig und gut. Mein Vater ist jetzt dort, wo er immer sein wollte, und niemand wird ihm dort sein Licht wegnehmen.«

Der Prinz trat auf Pit zu und steckte ihm seinen Ring an den Finger. »Nimm dies als Zeichen meiner Dankbarkeit. Von nun an soll es dir an nichts mehr fehlen. Sei mein Gast und Freund.«

Pit bedankte sich bei dem Prinzen. Doch dann wollte er so schnell wie möglich zu Angela. Die hatte das Licht aus dem Palast emporsteigen sehen und sich mit jeder Sekunde wieder gesünder gefühlt. Nun lief sie Pit bereits entgegen. Überglücklich fielen sie sich in die Arme. All der Kummer und die Sorgen der letzten Tage waren vergessen.

So kehrten wieder Friede und Glück im Hause Pits, des Fischers, ein. Der Prinz wurde ein weiser und gütiger König. Das Versprechen, das er Pit gegeben hatte, vergaß er nie. Der Mond war an seinem Platz am Himmel zurückgekehrt. Als Erinnerung an diese Zeit wird er aber seitdem an jedem Tag dünner, bis er ganz verschwunden ist, und danach wieder dicker, bis er wieder kugelrund am Himmel steht. Und in besonders klaren Nächten kann man sogar den König im Mond erkennen.

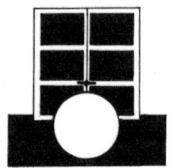

Verena Kautz

Das Ende einer Nacht
oder
Als die Menschen wieder lieben lernten

*E*s war einmal ein kleines Seufzen, das logierte im Reckturm zu Wiener Neustadt – selbstverständlich nur vorübergehend, bis es einen geeigneteren Ort gefunden haben würde, denn besagtes Bauwerk war schon damals rissig und zugig, und wenn das kleine Seufzen etwas nicht vertragen konnte, so war das Zugluft, weil es davon so leicht Schnupfen bekam.

Also verbrachte es den lieben langen Tag damit, über eine mögliche Übersiedlung zu sinnieren, vielleicht in den Dom, denn es liebte Orgelmusik – schon seit frühester Kindheit.

Manche seiner langgezogenen Tanten munkelten ja, das käme daher, daß seine liebe Mutter – Gott hab sie selig, sie erlag vor einigen Jahrhunderten einem bösartigen Lachanfall und ließ das kleine Seufzen mit seinen Tränchen ganz allein auf der Welt – in enger Verbindung mit einem Unmutsausruf des damaligen Organisten gestanden war, der gerade erfahren hatte, daß er für einen mit Keuchhusten zu Bette liegenden Kollegen einspringen mußte. Wie dem auch sei, dies sind reine Spekulationen und wohl kaum dazu angetan, den weiteren Verlauf der Geschichte wesentlich zu beeinflussen.

Jedenfalls war das kleine Seufzen von Natur aus äußerst kränklich und trug deshalb stets einen Schal, den es vor langer Zeit einmal von einer entfernten Verwandten – ich glaube, es muß eine Mitleidsäußerung gewesen sein – geschenkt bekommen hatte und seither niemals mehr unter Stimmlosigkeit und Mattigkeit zu leiden gehabt hatte. Die Farben waren zwar schon an die sechs Jahrhunderte aus der Mode, aber da das kleine Seufzen keinen Spiegel besaß und sich immer nur nach einem Regenguß in einer Wasserlache betrachten konnte, hatte es sich auch jetzt noch nicht daran satt gesehen. In dieser Hinsicht war seine Zeit stehengeblieben.

Das kleine Seufzen träumte vor allem in kalten Wintern in dem uralten Gemäuer lebhaft von seinem Umzug. Das einzige Problem, welches es allerdings während all seiner Betrachtungen geflissentlich außer acht ließ, bestand in der Tatsache, daß es den Ort, an dem es einst ausgesprochen worden war, nicht verlassen durfte – oder zumindest nur unter einer Bedingung, die ihm jedoch in jeder Hinsicht unerfüllbar schien: es mußte ein kleines Lachen finden, das willens war, sich mit ihm zu verbinden.

Aber eines eisigen Winterabends, als die beißende Kälte an seinen Gliedern nagte und es nicht mehr zu zittern aufhören konnte, faßte das kleine Seufzen dennoch mit dem Mut der Verzweiflung den Entschluß, eine Expedition in die entlegensten Winkel des Turms zu starten, um vielleicht der Hoffnungslosigkeit dieses Unterfangens und seiner ganzen miserablen Situation zum Trotz ein kleines Lachen, und sei es auch noch so zart und zerbrechlich, zu finden.

Es wandelte durch das gewaltige Stiegenhaus, sah hinter jeder Spinnwebe und unter jedem Staubteilchen nach – ganz langsam und vorsichtig, denn man kann ja nie wissen.

Plötzlich vernahm das kleine Seufzen ein halblautes Brummen, und zu Tode erschrocken versteckte es sich schnell hinter der Ultraschallwelle einer soeben aufgescheuchten Fledermaus.

Als es sich wieder einigermaßen von seinem Schock erholt hatte, steckte es ängstlich sein Köpfchen aus dem Schlupfwinkel hervor, um zu sehen, woher dieser seltsame Laut wohl gekommen sein mochte und sah, tief in eine Mauernische gedrückt, eine unförmige Gestalt, die unentwegt vor sich hinbrummte.

»Ich will nicht mein ganzes Leben damit verbringen, über alles zu nörgeln! Nein, ganz und gar nicht! Es war, gelinde gesagt, eine Frechheit von ihnen, mir das anzutun. Menschen dürfen sich eben alles erlauben, aber wehe unsereins läßt sich auch nur ein einziges Mal etwas zuschulden kommen! PAH! Diese Ungerechtigkeit! Justitia, ich verfluche dich!«

Vor lauter Verwunderung vergaß das kleine Seufzen seine Furcht und trat mit vor Staunen weit geöffnetem Mund näher.

»Halt! Wer da? Ich wünsche durchaus keine Besucher zu so fortgeschrittener Stunde!«

Das kleine Seufzen wich gleich wieder zwei Schritte zurück, piepste: »Ich ... ich wollte Sie ... ich wollte Sie wirklich nicht stören!« und zog beschämt seinen warmen Schal über das vor Aufregung rot angelaufene Stupsnäschen.

»Niemand will mich jemals stören – und trotzdem tut es jeder! Das ist ja eben mein Dilemma. Daran sind nur diese überheblichen Geschöpfe schuld, nur sie! Du, ich, der Schmerzensschrei eines Gefolterten dort drüben und der dünne Hilferuf eines in die Enge getriebenen Mädchens rechts neben dir – wir alle sind dem Untergang geweiht, seit die Menschen verlernt haben, einander zuzuhören. Unsere Aufgabe war es, sie zu bewegen, ihre Herzen zu rühren und ihre Seelen zu vereinigen. Welchen Sinn hat unser Leben jetzt noch, da wir so kläglich gescheitert sind? Abgeprallt an ihrem Panzer, mit dem sie sich gegeneinander abschirmen, und in alle Richtungen zerstreut – verkrachte Existenzen sind sie, die nur noch ihr Selbstmitleid am Vergehen hindert!«

Mehr hörte das kleine Seufzen nicht mehr. Die unangenehme Stimme der Nörgelei entfloh seinem Ohr, trat zurück in das Nichts einer Scheinwelt aus Lug und Trug, bevölkert von Schatten, die mit der Dunkelheit ihrer Umgebung verschmolzen.

Sein Kopf begann, sich wie ein bunter Kreisel zu drehen, seine Wirklichkeit schien wie ein gewaltiges Kartenhaus unter einem einzigen Luftzug in sich zusammenzustürzen, und es wußte plötzlich nicht mehr, wohin es sich wenden sollte. Überall lagen Trümmer, Schutt und Asche seines Daseins und versperrten seinen Weg. Es war eingeschlossen, gefangen und von allen Seiten durch graue Nebelschwaden, die sich dichter und dichter über seinem kleinen Köpfchen zusammenzogen, bedroht. Wo sich früher eine weite, nach allen Richtungen offene Ebene vor ihm erstreckt hatte, gab es plötzlich nur noch einen schmalen Weg zu gehen.

Die Morgensonne blinzelte bereits verschlafen über den glühenden Horizont, und ihre jungen Strahlen blendeten das kleine Seufzen, so daß es für einen kurzen Moment die Augen schließen mußte. Es spürte die Wärme in seine Glieder zurückkehren, und nach dieser unendlich finsteren Nacht pulsierte wieder das Leben in seinen Adern. Da tat es ihm fast leid, daß es diesen bequemen Pfad gewählt hatte, anstatt über die Trümmer zu klettern, doch für eine Umkehr war es bereits zu spät.

Doch gerade als es sich mit einem tiefen Seufzen von den im Morgenlicht wie Gold leuchtenden Zinnen stürzen wollte, hörte es ein kleines Lachen, das Lachen eines Kindes, das sich über das Glitzern eines Tautropfens freute.

Das Lachen war so hell und rein und von vollendeter Gestalt, daß dem kleinen Seufzen das Herz aufging und es den Blick nicht von dem zarten Figürchen wenden konnte, dessen diamantene Haut von einem nie gekannten Gleißen erstrahlte. Das kleine Lachen schwebte auf das kleine Seufzen zu, und als sich ihre Fingerspitzen sanft berührten, da lachten und seufzten sie, daß tausendfaches Echo von den Wänden des Reckturms erscholl und sich jedes neue kleine Lachen mit einem neuen kleinen Seufzen verband, bis die Erde voll war mit Lachen und Seufzen und die Menschen ihre Herzen öffneten und das kleine Lachen und das kleine Seufzen einließen, und plötzlich konnten sie einander wieder verstehen, weil ein jeder im Reden innegehalten hatte, um den anderen zu hören.

Das kleine Seufzen und das kleine Lachen aber brauchten nicht mehr in den Dom überzusiedeln, weil die Risse des Reckturms zusammengewachsen waren.

Peter Burgas

Der Fuchs und der Kranich

*D*er Wind, der weht, der Hahn, der kräht, der Fuchs schleicht um den Busch. Flieg auf – husch, husch!« sangen die Gräser. Aber der Kranich hörte es nicht. Er stelzte über die Wiese und suchte nach Würmern für seine Jungen.

Der Fuchs sah ihn kommen, schlich um den Busch und lachte sich eins. Blitzschnell schoß er hervor und packte den Kranich.

»Aber, lieber Fuchs, laß mir mein Leben«, bat der Kranich. »Ich will dich eine gute Kunst lehren.«

»Eine Kunst?« antwortete der Fuchs geringschätzig. »Ich verstehe mich auf neunundneunzig Künste, was frage ich nach einer!«

»Du bist ein großer Meister, Fuchs. Aber kannst du fliegen?«

Der Fuchs fühlte sich geschmeichelt. Er freute sich schon im voraus, auch die Vögel über dem Walde zu beherrschen, und er erlaubte dem Kranich, daß er ihn die hundertste Kunst, das Fliegen, lehrte.

»Setz dich auf meinen Rücken«, sprach der Kranich, breitete seine Flügel aus und erhob sich mit dem Fuchs in die Lüfte.

»Ein Vergnügen, so zu fliegen, Wald und Wiese unten liegen ...«, sang der Fuchs und vergaß, daß er auf des Kranichs Rücken saß.

»So, Meister, nun versuch es selbst einmal«, sagte dieser, ließ den Fuchs von seinem Rücken gleiten und flog allein weiter.

Der Fuchs überschlug sich, daß Schwanz und Schnauze

abwechselnd nach oben kamen. »Schräg, schräg!« schrie der Kranich ihm zu. Der Fuchs purzelte weiter, bis er in einen Haufen frischen Heues fiel.

»Na, Meister, kannst du nun fliegen?« fragte der Kranich. »Fliegen schon«, meinte der Fuchs großspurig, »nur das Landen will nicht recht glücken.«

»Dann versuch es noch einmal«, sprach der Kranich, nahm den Fuchs wieder auf seinen Rücken und erhob sich mit ihm in die Lüfte.

»Ein Vergnügen, so zu fliegen, Wald und Wiese unten liegen ...«, fing der Fuchs wieder an zu prahlen, als ob er nicht auf des Kranichs Rücken säße.

Der Kranich flog höher und höher. Bald befanden sie sich mitten über dem See, und der Fuchs sah den blanken Spiegel des Wassers nur noch wie ein glänzendes Tellerchen unter sich liegen. Er wollte gerade wieder singen: »Ein Vergnügen, so zu fliegen ...« Da ließ der Kranich den stolzen Reiter von seinem Rücken gleiten und flog zu seinen Kindern zurück.

Der Fuchs aber fiel kopfüber, kopfunter und plumpste endlich in den See hinein. Lange mußte er schwimmen und auf dem Wasser umherirren, bis er das Ufer und seinen Wald wiederfand, wo er sich schleunigst verkroch.

Hans F. Mayinger

Der Bucklige

An keinem Tag des Jahres fühlte sich Peter Lindt, der junge geniale Maler, so vereinsamt und allein gelassen wie am Heiligen Abend. Die schwere Bürde seines Schicksals legte sich in Stunden der Besinnung wie ein Schatten auf sein Gemüt.

Nachdenklich stand er vor dem großen Schrankspiegel und betrachtete seine Gestalt. Es zeigte sich ihm ein ebenso grosteskes wie mitleiderregendes Wesen. Auf kurzen Beinen saß sein kleiner, mißgestalteter Körper mit dem breiten Höcker, und darauf thronte ein großer Kopf, in dessen Antlitz das Leid und die Scham vor dem unabwendbaren Schicksal, ein Zerrbild des Menschengeschlechts zu sein, schon jetzt, in seiner Jugend, die Furchen gramvoller Gedanken gegraben hatten.

Der junge Künstler lachte bitter auf und hob die Fäuste, als wollte er sein Spiegelbild zertrümmern. Einmal würde er diese Mißgestalt in ihrer ganzen Häßlichkeit malen. Alles Leid und alle Einsamkeit sollten dann aus diesen Zügen sprechen!

Peter Lindt wandte sich zum Schreibtisch und fuhr mit einer müden Geste über den Stapel Briefe, Karten und Telegramme: Glückwünsche seiner Lehrer, Freunde und einiger Leute, die er kaum mit Namen kannte. Was ihm stets als unerreichbares Ziel erschienen, war plötzlich nahegerückt: er hatte den großen Akademiepreis errungen. Sein Ehrgeiz war befriedigt. Aber seine Einsamkeit, die er in all den Jahren allmählich totgearbeitet zu haben glaubte, wurde doppelt spürbar.

Ob Maria, seine Schülerin, von seinem Erfolg in der Zeitung

gelesen hatte? Als hätten seine Gedanken sie angezogen, hörte er plötzlich ihre Schritte draußen auf der knarrenden Holztreppe – er würde sie aus Tausenden von Schritten heraus erkennen! – und vernahm ihr leises Klopfen an der Tür.

Ein wenig verwirrt und mit freudegeröteten Wangen stand sie vor ihm und gab ihm die Hand.

»Ein frohes Weihnachtsfest, Herr Lindt. Und meinen herzlichen Glückwunsch zu Ihrem großen Erfolg! Es ist für mich keine Überraschung. Ich habe von Anfang gewußt, daß Sie den ersten Preis bekommen würden.«

So einfach und selbstverständlich klang es. Ihre Hand ruhte noch immer in der seinen, und Peter Lindt dachte flüchtig: Vor zwei Jahren, als sie zur ersten Unterrichtsstunde gekommen war, hatte sie ihm die Hand nicht gegeben. Damals hatte sie seine Mißgestalt furchtsam und mit unverhohlener Abscheu betrachtet. Nun, dachte er, hat sie sich an seinen Anblick gewöhnt und verbirgt ihre Abneigung taktvoll.

»Ihr Glückwunsch freut mich mehr als alle die Briefe, Karten und Telegramme dort auf dem Tisch«, sagte Peter Lindt. Seine Stimme zitterte ein wenig. Und das Mädchen dachte: Es ist wie eine Liebeserklärung!

»Ich möchte Ihnen nun auch eine Freude machen – es ist eine Überraschung«, fuhr Peter Lindt fort. »Gehen wir hinüber ins Atelier.«

In dem großen, hellen Raum hingen und standen zahllose Bilder. Merkwürdig versponnene Landschaften und meisterhafte Porträts: Menschen mit blutfrischen Zügen und mit Augen, in denen das Leben war, das glutvolle und das schon halb erloschene, die Freude und die Verzweiflung, die Reinheit und die Schuld. Jedes Antlitz hatte seine Geschichte und seine Seele. Auch in den Landschaften war diese transparente Beseeltheit spürbar. Sie wurde mit scheinbar einfachen Mitteln erreicht: mit Sonnenauf- oder -untergang, mit lichtverklärtem Himmel oder ein paar Wolken, mit einer fern herziehenden Vogelschar. Es lag unaussprechlich einsam über der Heide, oder es war heiter-gesellig am Seeufer, wo eine Gruppe fideler Menschen mit Gitarre, Gesang und Wanderstöcken dahergezogen kam.

Peter Lindt führte seine Begleiterin zur Staffelei, und das Mädchen brach in einen überraschten Ruf aus: »Aber – das bin ja ich! – Ich habe Ihnen doch gar nicht Modell gestanden . . . «

»Ich habe Sie aus dem Gedächtnis gemalt«, erwiderte Peter Lindt.

Maria antwortete nicht. Sie schien versunken in ihr Bildnis. Und wie zu sich selbst sagte sie erstaunt: »Aber – so schön bin ich doch gar nicht!«

»Ich habe Sie so gesehen«, erwiderte der Maler ein wenig verwirrt. Und das Mädchen dachte wieder: Es ist wie eine Liebeserklärung!

»Sie sind noch schöner als dieses Bild, Maria.« Peter Lindt sagte es mit der Begeisterung des Künstlers. »Welcher Maler vermöchte auch, mit ein paar Farbklecksen das Wunderwerk Gottes in seiner letzten Schönheit wiederzugeben: das lebendige Farbenspiel der Natur, der feine, wechselnde Schimmer des Blutes in den Wangen, das der Farbe eigentliches Leben ist. Oder die Augen gar mit ihrem geheimen Feuer, dem Widerspiel der Gedanken und Empfindungen, das sich in jeder Sekunde in neuen, allerfeinsten Farbtönungen offenbart! – Wie arm ist dagegen unsere Kunst vor dieser Herrlichkeit, können wir Maler doch, wenn's hochkommt, von all dem Reichtum des Farbenspiels nur den Bruchteil einer einzigen Sekunde festhalten. Ein Mädchenbildnis, das ist wie der Frühling, in dem sich die Schöpfung am herrlichsten offenbart.

Doch gibt es auch Bilder junger Menschen, in denen die Furcht vor dem nächtlichen Rauhreif zu spüren ist, die Ahnung vom Herbst, von den toten Schmetterlingen, die zwischen den Blüten zerfallen. Auch solche Bilder habe ich schon gemalt, und es war schmerzlich gewesen.«

In dem Porträt des Mädchens Maria aber war nichts von herbstlicher Wehmut. Selbst der leise Wind, der dem Frühling zuweilen seine Kostbarkeit raubt, schien unmerklich verweht oder nie gekommen zu sein. Es war ein Bildnis, von dem ein wunderlicher Zauber ausging, bei dessen stiller Betrachtung das Geheimnis herzenstiefer Zuneigung offenbar wurde. Ein wenig unirdisch und aus den Tiefen der Sehnsucht geboren war diese Zuneigung, weil sie den Wunsch hatte, glücklich zu machen und in dieser Selbstlosigkeit die Erfüllung des eigenen Glückes fand.

Und Maria fühlte: dieses Bild ist ein Liebesgeständnis! Mit Worten würde es Peter Lindt, der Bucklige, nie zu bekennen wagen. Das Schönheitserleben dieses begnadeten Künstlers war von solcher Erhabenheit, gleichzeitig aber von so schmerzlicher Sehnsucht erfüllt, daß es zuweilen, in Stunden wie dieser, gleichsam aus ihm selbst auf seine Umwelt auszustrahlen begann und seine äußere Häßlichkeit verklärte. Diese seine zauberischen Verwandlungen hatten das junge Mädchen in ungezählten Stunden, da es seine Schülerin gewesen, immer wieder aufs tiefste beglückt, waren sie doch ein Sieg und ein Triumph der inneren Schönheit über die Disharmonie seiner äußeren Gestalt, die in den Augen Marias im Verlaufe der Zeit unwesentlich und schließlich nicht mehr wahrnehmbar geworden war.

»Ich schenke Ihnen das Bild, wenn es Ihnen gefällt«, sagte der junge Künstler verlegen, denn er fühlte, was in dem Mädchen vorgehen mochte.

»Sie sollen es mir nicht schenken«, antwortete Maria. »Sie sollen es sich selbst zum Geschenk machen – und nie verkaufen und auch nie in einer Ausstellung zeigen. Es soll Ihr ganz persönlicher Besitz sein!«

Maria schwieg. Sie hatte impulsiv seine Hand ergriffen und fühlte beglückt, wie er unvermittelt ihre beiden Hände fest umschlossen hielt.

Es war ihre Antwort auf seine unendlich scheue Zuneigung. Und das sensible, überwache Herz des jungen Malers begriff, daß in dieser Nacht, in der das Wunder der Erlösung seinen Anfang nahm, ein zweites Wunder geschehen war.

Birgit Nowiasz-Otten

Der Zaunkönig

*D*as Mädchen hüpft den Weg entlang, der am Wald vorbei nach Hause führt. Sie kommt aus der Schule, und sie weiß, daß sie sich beeilen sollte, doch sie verlangsamt ihren Schritt. Heute ist ein besonderer Tag, und sie will ihn für sich genießen.

Die Bäume neben dem Weg zeigen erstes Grün, ihre Äste tragen dicke Enden, aus denen schon bald viele Blüten sprießen werden. Das Mädchen atmet tief in der klaren Frühlingsluft und setzt sich unter den Weißdornstrauch, zieht die Strickjacke enger um ihre Schultern. Sie umschlingt die Beine mit den Armen, stützt das Kinn auf die Knie und seufzt.

Der neue Junge in der Klasse, der mit dem freundlichen Gesicht und der lustigen Stimme, hatte sich heute neben ihren Tisch gestellt, als sie ihre Sachen zusammenpackte. Er hatte kein Wort gesagt und sie nur angesehen, so daß ihr ganz seltsam zumute wurde, bis es überall in ihr kribbelte und ihr das Federmäppchen aus den Fingern fiel. Es krachte auf den Boden hinunter und verstreute seinen Inhalt über den ganzen Fußboden.

Die anderen hatten das natürlich gesehen, und sie war feuerrot geworden und hatte sich gebückt, um die Stifte aufzusammeln. Der Junge war in die Hocke gegangen und hatte ihr dabei geholfen. Unter dem Tisch hatten sie Blicke getauscht, und er hatte sie angelächelt. Sie hatte das Mäppchen hastig genommen und war gegangen, weil sie wußte, daß ihre Freundinnen bereits an der Tür auf sie warteten. Ihr Kichern brannte wie die Blätter der Brennessel.

Das Mädchen unter dem Weißdornstrauch hebt den Kopf und streicht ihre Haare zurück.

»Was geschieht mit mir?« fragt sie die Zweige. »Es war so dumm – und doch wünschte ich, ich wäre nicht so schnell davongelaufen. Ich hatte Angst, und gleichzeitig fühlte ich mich warm und wohl. Was wird passieren, wenn wir uns morgen wiedersehen?«

Der Strauch raschelt mit seinen Zweigen. Sie blickt auf und sieht den Zaunkönig, der auf den Ästen des Baumes neben ihr sitzt.

»Bleib doch«, flüstert sie, um ihn nicht zu verscheuchen. »Bleib doch und erzähle mir von der Welt. Du mußt weit herumgekommen sein.«

Doch der Vogel schaut sie nur an, trippelt ein wenig auf dem Zweig und fliegt zwischen den Ästen davon.

Die Frau wandert den Weg entlang, der am Wald vorbei nach Hause führt. Sie kommt vom Markt, und sie weiß, daß sie sich beeilen sollte, doch sie verlangsamt ihren Schritt.

Die Sonne scheint heiß auf sie herab, und sie sucht den Schatten, den die laubbedeckten Bäume ihr spenden. Sie wählt einen Platz unter dem raschelnden Grün, um einen Augenblick zu rasten, und blickt auf die Felder, die golden schimmern von reifendem Korn. Süße Düfte von Gräsern und Blüten lassen sie tief atmen.

Sie ist heute beim Arzt gewesen, um zu erfahren, was sie selbst bereits wußte. Bald würden sie ein Kleines haben. Ihr erstes Kind.

Eine seltsame Vorstellung war das, eine Veränderung in ihr selbst und im Leben, das sie bisher geführt hatte. Zum ersten Mal war sie sich ihrer Macht bewußt, Leben zu schaffen und zu gebären, mit all der Verantwortung, die diese Macht in sich barg. Jetzt teilte sie ihren Körper mit einem anderen Wesen, bis sie es der Welt übergeben würde, durch eigene Schmerzen und Gefahr. Leben und Tod schienen ihr noch nie so nahe beieinander.

»Wird alles gutgehen?« fragt sie die Zweige. »Werden wir eine gute Familie sein? Werde ich meinem Kind das bieten können, was es im Leben braucht?«

Sie blickt auf und sieht den Zaunkönig, und sie lächelt leise, als sie ihn gewahrt. »Kleiner Freund«, meint sie zu ihm. »Träger so vieler Geheimnisse. Willst du sie mir noch immer nicht verraten?«

Doch der kleine Vogel schaut nur auf, trippelt etwas und fliegt mit einem trillernden Laut davon.

Die alte Frau hinkt den Weg entlang, der am Wald vorbei nach Hause führt. Sie kommt vom Friedhof, und sie weiß, daß sie sich beeilen sollte, doch sie verlangsamt ihren Schritt.

Die kalte Wintersonne läßt ihre Knochen frösteln, die nie mehr richtig warm werden wollen. Der Schnee zu ihren Füßen glitzert in unzähligen Kristallen. Wo er die Äste der Bäume bedeckt, zaubert er weiße, dichte Muster, dunkles Holz unter dem Schlummer der Kälte.

Sie hält inne, um ein wenig auszuruhen. Das Gehen fällt ihr immer schwerer, und Schmerzen beunruhigen sie. »Wie lange noch kann ich diesen Weg gehen?« denkt sie. »Wer wird es merken, wenn ich hier liegen bleibe im Schnee und nicht mehr weiterkomme? Wen wird es kümmern?«

Ihr Mann liegt lange schon unter der Erde, das Kind wohnt weit fort in der großen Stadt. Doch der Weißdornstrauch ist mit ihr alt geworden und ihr immer noch ein Freund, dem sie die Sorgen anvertrauen kann.

Gerade jetzt raschelt er mit den Zweigen.

Die Frau blickt auf und sieht den Zaunkönig, und sie lacht leise, als sie ihn gewahrt. »Ich kenne dich«, sagt sie mit zahnlosem Lächeln. »Doch du kannst nicht derselbe sein. Kein Vogel lebt so lange Zeit.«

Der Zaunkönig schweigt und sieht sie an, oben vom Ast des schneebeladenen Baumes. Der Baum, der im Frühling neue Knospen tragen wird, um im Sommer zu reifen und im Winter zu schlafen, um so wieder neue Kräfte zu sammeln. Ein ewiger Kreislauf des Lebens und der Welt.

»Wohin gehst du im Winter?« fragt die Frau. »Wo schläfst du, bis die Knospen kommen?«

Im Schoß der Erde wie ein jeder Samen, bis es Zeit zum Keimen ist. Im warmen Schoß der Mutter Erde.

Die Alte schaut auf und sieht eine Frau, die jung und alt zugleich erscheint. Sie trägt die Blüten des Frühlings im Haar und die Früchte des Sommers in ihrer Schürze und den Schnee des Winters auf ihren Schuhen. Sie lächelt, und es ist warm und tröstlich, und die alte Frau geht auf sie zu.

»Ich kenne dich«, murmelt sie verwundert. »Ich habe dich schon einmal gesehen.«

Die Fremdvertraute lächelt wieder, und die alte Frau nimmt ihre Hand. Gemeinsam gehen sie den Weg am Wald entlang nach Hause, die beiden alterslosen Frauen, die sich gleichen wie ein Bild im Spiegel.

Und der Zaunkönig erhebt sich in die Luft, der Sonne entgegen. Sein Lied ist laut und triumphierend, und es umfaßt die ganze Welt.

Peter Ahrendt

Spaziergang am Abend

*K*ennen Sie das Gemälde »Grotta Ferrata« von Joseph Anton Koch? Ach, sie kennen nicht mal besagten Koch? Das ist schade! Nicht, weil ich glaube, Ihnen sei damit ein besonderer Kunstgenuß entgangen, darüber mag ich nicht urteilen, sondern einfach, weil Sie dieser etwas merkwürdigen Geschichte dann besser folgen könnten, oder sagen wir: sie bildhafter vor Augen sähen. Sie hätten dann einen Eindruck von der fühlingshaften Luft, die durch die goldenen Bäume und schattigen Haine streicht, von der Sonne und Frische der klaren Farben in dieser idealisierten römischen Landschaft vor über hundert Jahren.

Unser Freund Willibald, von dem ich erzählen will, besaß nämlich eine Reproduktion des Bildes; in großem Format und schön gerahmt hing es über seinem Sofa. Also: Stellen Sie sich eine Quelle vor, die einen gemauerten Brunnen speist im spärlichen Schatten eines hohen knorrigen Baumes, dessen Wurzeln sich in einen felsigen Erdwulst gekrallt haben, einen baumbestandenen Sandweg, der vom Brunnen in die Tiefe der Landschaft führt, deren Horizont links von einer blauen Bergkette begrenzt, rechts von einem Kastell geschmückt ist. Dazu einige hübsche junge Mädchen, die am Brunnen Wasser schöpfen und etwas plaudern, einen Wanderer, der auf sie zugeht, und weiter hinten – und sehr klein – eine fromme Prozession sowie einen Hirten mit seiner Schafherde.

Es ist ein schönes, friedvolles Bild von heiterer Gelassenheit, und Willibald liebte es. Oft saß er davor, tief darin versunken und die Gedanken in weiter Ferne. Es ist ja eines der Bilder, in denen man spazieren gehen kann, wie man so sagt, über die man mit Lust seine Blicke schweifen läßt, in deren Einzelheiten man sich gern vertieft, die in einem den sehnsüchtigen Wunsch wachrufen, just auch in jener Gegend zu weilen.

Eines Abends nun, es war an einem rauhen kühlen Tage, saß Willibald beim Schein seiner Lampe im Zimmer und las. Draußen tobte der Wind, hier aber war es warm und gemütlich. Als er einmal von seiner Lektüre aufblickte und sich, wie erwachend aus seinem Büchertraum, umsah, fiel sein Blick wie von ungefähr auf das Bild über der Couch. Er stand auf, hörte Wind und Regen gegen die Fenster klatschen, ging hinüber und dachte: Ah, dort sein können, welche Labsal! Er starrte auf den sandigen Weg, der zwischen den Hügeln in die Ferne lief, auf die blaue Gebirgskette und den seidenen Himmel mit den wenigen weißen duftigen Wolkenschleiern, sah, wie die Blätter sich in der linden Luft neigten, sah das Wasser silbern aus dem Brunnen in das stille Gewässer fließen, in dem sich die Mädchen spiegelten. Eine von ihnen stand stolz da, den Wasserkrug auf dem Kopf, die Rechte in die Hüfte gestützt und sprach mit der zweiten, die auf dem Brunnenrand saß und recht anmutig ein Tongefäß in der Linken hielt. Lange weite Röcke trugen sie und lose luftige Blusen und sahen wirklich allerliebst aus. Die anderen drei natürlich auch. Zwei wuschen gerade Wäsche und waren im Schatten, während die dritte sich zum Gehen wandte. Da trat grüßend der Wanderer näher, mit Windspiel und Wanderstab, gekleidet in lockerer Tunika und mit wehendem, rotem Überwurf, die nackten Füße schritten weich auf moosigem Polster.

Aus der Ferne tönte schläfrig das Läuten der Herdenglocken herüber, leise raschelten die Blätter der Bäume, warm war's, und die wohlige Müdigkeit eines sommerlichen Nachmittags breitete sich aus, wenn die Fliegen träge summten und es guttat, an erfrischender Quelle zu rasten.

Willibald seufzte und streckte sich sehnsüchtig. Traurig schlug er die Augen nieder und stellte einigermaßen erstaunt fest, daß er barfuß war. Ach, richtig, er hatte vorhin geduscht und war nur so in die Galoschen gefahren. Als er aufsah, hatte der

Wanderer die Mädchen fast erreicht, und Willibald machte einen Schritt vorwärts und – stolperte über eine Brombeerranke, die zerriß. Noch zwei Schritte, und er war am Wasser. Die Mägde begrüßten den Wanderer, die Quelle plätscherte in das klare Spiegelbild des Himmels, und einige Vögel sangen. Willibald rieb sich die Augen und kniff sich in den Arm: Nein, er träumte nicht, und alles blieb so. Er war also wach und wahrhaftig mitten in der italienischen Landschaft, seine nackten Füße standen auf weichem feuchtem Moos, in den Haaren spielte der Wind, und er spürte mit jedem Atemzug die frische klare Luft. War denn das möglich? Wie oft hatte er es sich gewünscht! Und jetzt war er wirklich und leibhaftig dort und hatte nicht einmal bemerkt, wie es geschah. Aber er hatte gar keine Zeit, sich darüber Gedanken zu machen, viel zu schön war es hier, und viel zu sehr trieb ihn das Verlangen, alles genau in Wirklichkeit zu betrachten.

Er patschte vorsichtig durch das Wasser – ah, das prickelte köstlich! –, die Mädchen lachten ihm und dem Wanderer zu, es war ein munteres Durcheinander, sie riefen Scherzworte, und er hätte später wirklich nicht sagen können, ob er plötzlich italienisch konnte oder wie sie sich sonst verständigten. Es geschehen schon merkwürdige Dinge.

Lachend schritt er über die weiche, warme Erde, trat aus dem Schatten der Bäume auf die sonnige Wiese, wo er die kleine Prozession mit dem Abt auf seinem Esel dort hinten ihres Weges ziehen sah, und war gespannt, wie es wohl hinter den Hügeln ausschauen mochte. Aufatmend blieb er oben stehen. Weit dehnte sich ein golden durchsonntes Tal vor ihm, darin ein malerisches kleines Dorf mit vielen Gärten und Wiesen und ganz dort hinten ein tiefgrüner Wald, der sich in blauem Dunst über viele Hügel zu den fernen Bergketten erstreckte. Ein tiefer Friede zog in Willibalds Brust. Mein Gott, war es hier schön!

Nach rechts sich wendend erreichte er die Allee, wo die Bäume so dicht standen, daß sie einen ordentlichen Tunnel bildeten; aber schnell war er durchschritten und im hellen Sonnenlicht ragte vor ihm das Kastell auf. Drohend blickten die Schießscharten aus den mächtigen alten, grau-verwitterten Mauern, und hoch oben auf den Wehrgängen waren einzelne kleine Gestalten zu erkennen. Ja, und jetzt *mußte* er sich einfach umdrehen und zurückblicken, obwohl er eine geheime Furcht davor hatte. Würde er hinter der vertrauten Szenerie mit Brunnen und Bäumen ins Leere blicken, oder gar in sein Zimmer? Langsam wandte er den Kopf. Sah die Baumgruppe, die winkenden Mädchen am stillen, schattigen Gewässer und, siehe da, auch dahinter dehnte sich die liebliche Gegend. Auch sie wollte noch erforscht werden, aber plötzlich hatte er dazu keine Lust mehr, er wollte zurück zu seiner Quelle. So ging er quer über die Wiese, traf am Weg die Mägde, die mit gefüllten Krügen und sauberer Wäsche an ihm vorübergingen, lachend und scherzend. Auch der Wanderer war weitergezogen. Als Willibald am Brunnen ankam, war alles still und leer, nur das Wasser plätscherte, und die Vögel sangen im flüsternden Laub. Er beugte sich über den Brunnen und kühlte Gesicht und Hände, dann ging er den moosigen Hang hinan und streckte sich im Schatten der Bäume aus. Träumerisch sah er in den Himmel. Wie still es war! Man konnte alles vergessen und wunschlos glücklich sein. Und ehe er sich's versah, war er in der sommerlichen Wärme eingeschlummert vor lauter wohliger Zufriedenheit.

Als er wieder zu sich kam, lag er eine Weile mit geschlossenen Augen, streckte sich und sammelte seine Gedanken. Ihm war, als habe sich etwas Besonderes ereignet, an das er sich zunächst nicht erinnern konnte. Aber noch war der Nachklang eines tiefen Glücksgefühls in ihm. Er öffnete die Augen und lag auf der Couch in seinem Zimmer, die Lampe brannte trübe, ansonsten war es stockfinster. Die Uhr zeigte bereits Mitternacht. Verwirrt richtete er sich auf, und als sein Blick auf das Gemälde fiel, wußte er alles wieder. Aber – waren die Mädchen nicht fortgegangen und der Wanderer auch? Nein, natürlich war alles wie vorher. Er schüttelte den Kopf, welchen Unsinn man träumt, dachte er. Aber schön war es, eigentlich schade, daß man sowas nur im Traum erlebt. Nochmals betrachtete er gedankenvoll das Bild, betastete es gar vorsichtig mit den Fingerkuppen und hielt plötzlich inne. Er starrte genauer hin, hielt seine Augen wegen des dämmerigen Lichts dicht davor und sah: dort unten, in der linken Ecke, eine zerrissene Brombeerranke!

Er sank zurück auf das Sofa. Es konnte keinen Zweifel geben, denn das Bild kannte er haargenau, in jeder Einzelheit, und er war felsenfest überzeugt, daß die Ranke vorher noch ganz gewesen war. So hatte er es denn wirklich erlebt und nicht geträumt! Und obwohl ihn zunächst eine große Trauer ergriff, daß alles vorbei sein sollte, tröstete er sich doch schnell: ich kann es ja morgen wieder versuchen. Es war ja ganz einfach und im Grunde völlig natürlich!

Und so saß er am nächsten Abend wieder vor dem Bild, ließ die sehnsüchtigen Augen darauf umherwandern, und wieder, ehe er sich's versah, war er plötzlich dort, weiß der Kuckuck, wie es geschah. Und diesmal ging er den Sandweg weiter als gestern und verschwand für immer in dieser Landschaft, hinter den Hügeln, in der blauen Ferne. Jedenfalls nehme ich es an, denn gesehen hat es niemand. Außer den Mädchen am Brunnen und dem Wanderer natürlich. Aber die sprechen ja nicht mit jedem.

115

Sinje Stoyke

Rose und Elsa

»*W*ie lang ist es nun schon her, seit Sam losgefahren ist?«
Bob sah kurz zuvor noch zweifelnd aus dem Fenster der grobge-
zimmerten Blockhütte und wandte sich nun seinen Kameraden
zu. Es brauchte ein paar Minuten, ehe sich einer der beiden Männer angesprochen fühlte. Sie saßen versunken in eine offensichtlich fesselnde Schachpartie vor dem verglimmenden Kaminfeuer
und boten ein rührendes Bild alternder Junggesellenromantik.
Gerade hob einer der beiden den Kopf und sah sein Gegenüber
triumphierend an: »Leo, ich geb dir zwei Züge, und du bist erledigt.« Der andere sah mit unbeweglicher Resignation seinem gerade geschlagenen Läufer nach und stützte den Kopf in beide
Hände. »Es gab Zeiten, mein Lieber, da dachte ich, du wärst
mein Freund.« Er zog schnell und ohne Überlegung – die Augen
seines Gegners glänzten, als dieser sich mit einem lässigen
»Schach matt« zufrieden in den Sessel zurücksinken ließ.

»Habt ihr nicht gehört? Ich fragte, wie lange Sam schon weg
ist?« Er schritt auf die Kontrahenten zu und stützte die Arme auf die
hölzerne Tischplatte. Leo starrte noch immer auf das Schachbrett
und warf gedankenverloren seinen König um. »War das nicht so
gegen neun heute morgen?« – »Dann ist er bereits acht Stunden
fort, und der verfluchte Nebel wird immer dichter.« – »Ja, wenn das
Wetter anhält, finden wir morgen früh nicht einmal mehr den Weg
zum See. Machst du dir etwa Sorgen wegen Sam, Bob?«

Der zufriedene Gewinner räkelte sich im Sessel, zündete
sich eine Zigarre an und dozierte: »Der Weg ins Dorf dauert zwei

Stunden. Er wird längst dort sein, Whisky trinken und sich beim alten Mac aufwärmen. Sicher bleibt er die Nacht über bei ihm. In der Waschküche da draußen hat es sowieso keinen Sinn zurückzufahren.« – »John, wenn Sam sich im Nebel verfahren hat, kommt er mit dem Benzin nicht mehr ins Dorf. Aber du mußtest vorgestern ja noch stundenlang in der Gegend rumfahren.« Bob beugte sich gewichtig zu John hinunter, der den vorwurfsvollen Unterton ignorierte. »Na zum Glück, heute hätte ich von der Gegend ja nichts mehr gesehen.« Gelangweilt blies er Kringel in die Luft. Bob atmete tief durch und sah ein, daß seine Sorge niemand teilte. Er wandte sich ab und ging zurück zum Fenster. Hinter sich hörte er, wie Leo Holz nachlegte und John ihn zu einer weiteren Partie zu überreden suchte. Er verschränkte die Arme vor der Brust und starrte in die vom Wind getriebene Nebelbank, die bald ihre einsame Blockhütte völlig umfließen würde. Vor einigen Tagen noch erhellte eine kühle Frühlingssonne freundlich die rauhe Landschaft des schottischen Hochlandes, jetzt, so schien es, hatte sich ein unheilvoll grauer Vorhang drohend vor die Szenerie geschoben, der langsam näher an sie herankroch. Seit zwei Tagen ging das schon so. Die Stimmung unter den Freunden wurde zusehends gereizter, und Johns Zynismus trug wenig zur Entspannung der Situation bei. Bob hoffte, daß das Wetter so schnell aufklarte, wie es sich zugezogen hatte. Zudem brauchten sie dringend Proviant für die nächste Woche. Als sie vor vierzehn Tagen in dem verschlafenen efeuüberwucherten Nest ankamen, verabredete Sam, daß sie einmal in der Woche kommen und Lebensmittel holen würden. Er bezahlte im voraus und nötigte Mac, dem Besitzer des einzigen Ladens und Pubs vor Ort, so etwas wie ein zufriedenes Lächeln ab. Bob kam das hutzelige, nach torfigem Whisky riechende Männlein nicht sehr vertrauenswürdig vor. Sam allerdings war von diesem »schottischen Urgestein«, wie er ihn nannte, geradezu hingerissen und machte aus dem klingenden Namen Donald McAlistaire kurzerhand ein kumpelhaftes Mac. Die beiden verstanden sich sofort miteinander. Über Bobs Züge huschte ein Lächeln, als er darüber nachdachte. Sam war schon immer ihr Wortführer gewesen – der geborene Organisator. Auch diese Reise war seine Idee: einmal weg von der Kanzlei, dem Geschäft und der Angetrauten samt plärrender Kinderschar. Irgendwohin, wo kein Telefonkabel liegt und die Leute Satellitenempfang für ein gesellschaftliches Ereignis halten. Begeistert waren sie alle vier von dem Vorschlag, nur hatte Bob da eher an Colorado und die Rockies gedacht. Sam schwebte aber nun mal Schottland vor. Es dauerte keine zwei Tage, und Bob war von dem Vorschlag dermaßen begeistert, daß man glaubte, er käme von ihm. Es war schwer, Sam zu widerstehen. Die ersten zwei Wochen waren in der Tat traumhaft. Vier Männer, die die letzten 25 Jahre am Schreibtisch Karriere gemacht hatten und deren einzige Verbindung zur Natur aus dem Central Park in NY City bestand, fanden sich plötzlich allein in einer Blockhütte am Ufer eines einsamen Sees inmitten des schottischen Hochlands wieder. Bob erinnerte sich, daß er kaum an sich halten konnte, augenblicklich alles von sich zu werfen und in das kristallklare, eiskalte Wasser zu springen. Er fühlte in sich wieder den kleinen Jungen von zehn Jahren, der das erste Mal allein in ein Pfadfindercamp fährt. Den anderen ging es ähnlich, und so verbrachten sie die Tage mit Angeln, Schwimmen, Wandern, Schachspielen und Whisky. Bis mit der milden Frühlingssonne auch ihr Frohsinn langsam schwand. Man hatte sie vor dem unberechenbaren Wetter gewarnt, aber daß es so plötzlich über sie hereinbrach, hatte keiner vermutet. Leo war der erste, der es bemerkte. Es wurde windig, und mit dem Wind kamen die ersten Wolken, die ihr sonnenverwöhntes Paradies trübten. Der erste heftige Regen setzte noch am selben Abend ein, und die Temperaturen sanken in der Nacht sogar unter Null. Leo schlug vor, solange das Wetter noch klar bliebe, zu Mac zu fahren und den Proviant ein paar Tage eher abzuholen. Doch noch ehe Bob und John zustimmen konnten, hatte Sam schon alle ihre Bedenken weggewischt: Wozu denn das gut sein sollte? Es sei schließlich nur ein Schauer, und morgen wäre wieder schönstes, klarstes Wetter.

Am nächsten Morgen allerdings blickte er in eine durchtränkte, vom Wasserdampf durchzogene Landschaft. Zudem war es empfindlich kühl geworden. Sam jedoch blieb bei seinem Entschluß. Er würde am nächsten Tag Proviant holen. Wären da nicht seine dauernden Siege über Leo gewesen, aus denen er billige Genugtuung zog, hätte er mit seiner miesen Stimmung einen ernsthaften Streit heraufbeschwören können. Als er gegen neun Uhr am anderen Morgen mit siegessicherer Miene trotzig den Motor ihres geliehenen Wagens startete, hatte sich bereits eine dichte Nebelbank über die Hütte gelegt.

Bob blickte auf seine Uhr. Es war bereits sechs. Also war Sam neun Stunden unterwegs. »Komm schon, setz dich zu uns und trink einen Whisky. Erstaunlicherweise ist das das einzige, wovon wir noch genug haben. Wenn Sam erst morgen kommt, wird er uns das Brennholz ersetzen müssen.« John winkte ihn herüber. »Ich frage mich, was wir tun, wenn er morgen nicht kommt.« Bob setzte sich langsam auf den ihm angebotenen Sessel und zog ihn näher zum Feuer.

»Wenn morgen noch genauso ein Wetter ist, können wir gar nichts tun.« Leo sah ihn aufmunternd an: »Es wird schon nichts schiefgegangen sein. Sam hat sich bisher immer zu helfen gewußt.« Noch zweifelnd, aber etwas beruhigter nahm Bob den Whisky und wandte sich dem Schachbrett zu.

Das kreischende Aufheulen eines Motors schnitt durch die bleierne Stille des Nebels und fand ein dumpfes Echo. Die wütende Stimme eines Mannes hallte hohl und einsam in die trübe Umgebung. Er schlug mit beiden Fäusten auf das Lenkrad des Wagens und versuchte noch einmal, ihn zu starten. Nichts. Samuel Aldington sprang aus dem Auto und versetzte ihm einen Tritt.

›O. k. mein Junge, jetzt nur nicht die Fassung verlieren. Bis zum Dorf ist es nicht einmal mehr eine Stunde. Ich werde hinlaufen und den Wagen dann morgen hier abholen.‹

Er kramte einen Rucksack von der Ladefläche, zog einen weiteren Pullover heraus, den er sich um die Schultern hing und zog los. Nach einigen Schritten sah er sich um und vermochte den Wagen, der keine zehn Meter von ihm entfernt stehen konnte, nicht mehr auszumachen. Insgeheim verfluchte er seine Sturheit und war gleichzeitig froh, daß keiner seiner Freunde ihn jetzt beobachten konnte. Unsicher stolperte er auf dem glitschigen Weg dahin und bemerkte, daß es langsam zu dämmern begann.

Es wurde merklich kühler, und die Feuchtigkeit der Luft kondensierte auf seinem Gesicht und seiner Kleidung zu Wassertröpfchen. Auch der zweite Pullover, den er sich übergezogen hatte, hing klamm und schwer um seinen Körper. Er begann, schneller zu laufen, aber die Unebenheiten des kargen Heidebodens ließen ihn stolpern, und nur knapp entrann er Stürzen. Atemlos blieb er stehen und sah sich um. Jetzt, da er nicht einmal mehr das Geräusch seiner laufenden Füße auf dem sandigen Boden vernahm, überkam ihn die beklemmende Erkenntnis seiner völligen Einsamkeit. Er hatte sich verirrt, er wußte nicht mehr, wo er war. Nicht einmal mehr zum Auto würde er zurückfinden. Er wehrte sich gegen die Angst, die langsam von ihm Besitz ergriff. Sam streckte die Arme vor seinen Körper und rannte los. Verzweifelt versuchte er, durch die dichten grauen Schlieren vor seinen Augen hindurchzusehen. Er meinte, Sträucher und Bäume wahrzunehmen, ja, er sah in eine weite Landschaft vor sich, und aus den Augenwinkeln erhaschte er die Gesichter seiner Freunde und sah, daß sie ihn auslachten. Er hörte, wie man seinen Namen rief und antwortete – hielt aber entsetzt inne ob seiner eigenen Stimme, die vom Nebel aufgesogen sich ausgedünnt und fremd anhörte.

Er fühlte, daß etwas seinen Rücken berührte, seine Schultern forderend umfaßte und seinen Hut vom Kopf stieß. Rasend vor Entsetzen machte er einen Satz nach vorn und stürzte bäuchlings ins Heidekraut, das sein Gesicht zerkratzte. Ein plötzlicher Schmerz, der sein linkes Bein durchzuckte, brachte ihn wieder zur Besinnung. Verärgert ob seiner kindischen Reaktion erhob er sich und erkannte als Ursache dieser geisterhaft aufdringlichen Berührung einen etwas windschiefen Wacholderbusch. Er fluchte und klopfte sich die feuchte Erde von seinen Kleidern. Es war kalt, und Sam wußte, daß er sich einen Unterschlupf verschaffen mußte, wenn er nicht die ganze Nacht im Nebel herumstolpern wollte, um dem Kältetod zu entgehen. Sein aufgeschlagenes Knie schmerzte bei jedem Schritt, aber es lenkte ihn von den gestaltlosen Fetzen ab, die an ihm vorüberflossen. Ziellos schritt er dahin. Hunger und Durst konnte er begegnen, aber wenn er seiner Müdigkeit nachgab, war er verloren.

Er wußte nicht, wie lange er schon richtungslos herumirrte, als sich zu dem dichten Nebel langsam die zunehmende Dunkelheit der Nacht gesellte. Sam wagte nicht, über die vor ihm liegenden Stunden nachzudenken und klammerte sich verzweifelt an die Hoffnung, der Nebel würde sich am nächsten Tag verziehen. Sein linkes Bein zog er schlurfend hinter sich her, und als Stütze diente ihm ein Ast, über den er zufällig gestolpert war. Wie lange war das nun schon her?

Plötzlich bemerkte er unter sich glatten Boden. Eine vage Hoffnung durchzuckte ihn. Konnte das vielleicht ein Weg sein? Angespannte Konzentration ließ ihn seine Müdigkeit vergessen. Mit dem Stock tastete er sich wie ein Blinder vor. In der Tat, er konnte die Ränder, wo die Vegetation wieder anfing, ausmachen, dazwischen lag ein leidlich breiter, sandiger Weg. Die neue Hoffnung verlieh ihm Kraft, und er folgte dem Weg so gut er konnte. Er starrte in die zunehmende Dämmerung und fixierte einen dunklen Fleck, der nicht weit von ihm zu sein schien. Er vergaß sein verletztes Knie und begann zu rennen. Beim Näherkommen schälte sich aus dem Nebel eine primitive Behausung, sie schien ihm halb eingefallen, aber das war völlig nebensächlich. Er würde in der verfallendsten Ruine eine schützende Ecke entdeckt haben. Er war angenehm überrascht, als er in geringerer Entfernung bemerkte, daß die Hütte sich als gut erhalten zeigte, so daß er die Hoffnung hatte, auf Menschen zu treffen, die ihm Hilfe nicht verweigern würden. Noch ein paar Schritte und er stand vor einer hölzernen Tür. Keinen Augenblick länger überlegend, drückte er die Klinke nieder und ließ sich erschöpft in den dahinterliegenden Raum fallen.

»Was machen wir nur mit ihm?« – »Er sieht sehr erschöpft aus. Ich glaube, er ist harmlos. Verirrt wird er sich haben, ja, ja, verirrt.« Sam vernahm dumpf die Stimmen um sich herum. Er muß ohnmächtig geworden sein. Sein Bein schmerzte furchtbar, und er hatte das Gefühl, seine Lunge würde von einem Messer durchbohrt.

»Ich glaube, er wacht auf, Rose, was machen wir nur, wenn er ...« – »Unsinn, siehst du denn nicht, daß er sich kaum bewegen kann?« Die beiden Frauen beugten sich über den Mann, der vor ein paar Minuten mit höllischem Gepolter in ihren Flur gestürzt war. Sam schlug die Augen auf und blickte in ein unwahrscheinlich zerfurchtes Gesicht einer Frau. Unwillkürlich fiel ihm das Stichwort »Hexe« ein. Er bemerkte, daß er immer noch auf dem Boden des Flures lag, aber jemand hatte eine Decke über ihn gebreitet. Es roch muffig und feucht wie in einem seit langem nicht geheizten Raum. Vorsichtig richtete er sich auf.

»Bitte, entschuldigen Sie mein Eindringen, aber ich habe mich im Nebel verlaufen und irre seit Stunden draußen herum.« Zwei Augenpaare sahen ihn an, und er schauderte, als er die seelenlosen Blicke vom grauen Star zerfressener Augen auf sich ruhen fühlte. Ihm war nicht wohl dabei, als er merkte, daß ihn Abscheu gegen seine Lebensretter ergriff, und er nahm sich fest vor, sich nichts anmerken zu lassen. Also warf er den beiden Greisinnen je ein charmantes Lächeln zu und versuchte aufzustehen.

»Glauben Sie, Sie schaffen es bis zum Sessel?« Die etwas größere und anscheinend weniger ängstliche der beiden zeigte in die Wohnstube. Der Sessel sah wenig vertrauenswürdig aus und war mindestens so morsch wie die Knochen seiner Gastgeberinnen. Aber er stand am Kamin, in dem ein wärmendes Feuer flackerte, und das war genau das, was er jetzt brauchte. »Na, sicherlich.« Er schwankte ein wenig, als er aufstand, und die Kleinere bot ihm ihren Arm. Er schauderte, als er den dünnen, knochigen Arm der Frau umfaßte. Sie mußte unglaublich mager sein. »So, nun setzen Sie sich erst einmal hin und ruhen sich ein wenig aus.« Der Sessel knarrte erbärmlich unter seinem Gewicht, und er wagte kaum, sich zu bewegen.

»Ich habe mich noch nicht vorgestellt. Mein Name ist Samuel Aldington. Ich bin Anwalt und komme aus New York. Ich mache Ferien hier, und beinahe dachte ich schon, ich wäre von den Aktenbergen zu Hause für immer erlöst.« Er versuchte ein Lachen, aber die Frauen sahen ihn immer noch seltsam unbeweglich an.

»Das ist meine Schwester Elsa, und ich bin Rose McFarlane. Sie haben wirklich Glück gehabt, auf unser Haus gestoßen zu sein, Mr. Aldington.« Sie wechselten einen kurzen Blick, und Rose setzte sich auf einen niedrigen Hocker neben dem Sessel. Sam fröstelte, als sie ihre knochige Hand auf die Lehne legte. Trotz des Feuers schien ihm immer noch nicht wärmer zu werden, und er zog die muffig riechende Decke widerwillig enger um seinen Körper. Er hatte nur einen sehr begrenzten Blick ins Zimmer, denn das Feuer stellte die einzige Lichtquelle dar. Er wunderte sich, daß die beiden überhaupt etwas sehen konnten.

»Bei klarem Wetter muß die Gegend hier sehr hübsch sein.« Die Stille wurde ihm langsam unangenehm. »Ja, ja, bei klarem Wetter.« Rose sah ihn unverwandt von der Seite an, und er spürte ihren Blick.

»Wer hätte gedacht, daß es so kalt werden würde. Vor ein paar Tagen war noch schönstes Frühlingswetter.« Er versuchte, unbekümmert zu klingen, aber es gelang ihm nicht so recht. Elsa hatte sich in den hinteren Teil des Zimmers zurückgezogen, und er hörte sie mit Gläsern hantieren. Ihm gefiel es überhaupt nicht, eine der beiden Alten im Rücken zu haben, dann sollten sie ihn lieber anstarren mit ihren halbblinden Augen. Wahrscheinlich hatten sie seit Wochen keinen Menschen mehr gesehen. Offensichtlich lebten sie sehr zurückgezogen, das macht natürlich wunderlich.

»Es kann hier sehr kalt werden.« Ihm gefiel nicht so recht, wie sie das sagte, zudem er immer noch fror. Er mußte sich zusammenreißen, um nicht mit den Zähnen zu klappern. Seltsam, dabei fühlte er doch ganz deutlich die Wärme des Feuers auf seinem Körper.

»Wohnen Sie schon lange hier?« Er startete noch einmal den Versuch, ein Gespräch anzuknüpfen.

»Solange wir leben.«

›Na, das muß ja erstaunlich lange sein, wahrscheinlich sind Sie hier eingezogen, als George Washington Präsident war.‹ Sam lächelte boshaft, während er dem Gedanken nachhing.

»Elsa macht Ihnen gerade eine heiße Brühe fertig. Danach schlafen Sie ein bißchen.« – »Vielen Dank, Sie sind sehr zuvorkommend.« Eine Suppe würde ihm sicherlich guttun, er fühlte seine Beine schon nicht mehr, und seine Finger konnte er auch nicht bewegen. Es war ihm unerklärlich, warum er nicht wärmer wurde. Vermutlich stand er unter Schock oder so was. Sam sagte eine Weile nichts mehr, und seine Gastgeberinnen machten keine Anstalten, ein Gespräch zu beginnen. Sam schloß die Augen. Er würde vermutlich schon eingeschlafen sein, noch bevor die Suppe fertig war. Ihm war auch längst nicht mehr so kalt. Sam fühlte, wie er sanft ins Reich der Träume hinüberglitt und hoffte, daß die Alten ihn nicht aufwecken würden. Er schlief ein in der wohligen Gewißheit eines wärmenden Kaminfeuers.

Es war gegen acht Uhr am anderen Morgen, als Bob aus einem tiefen, traumlosen Schlaf hochschreckte. Jemand pochte energisch an ihre Hüttentür. Unwillig wälzte er sich aus seinem Bett und sah nach Leo und John, die noch schnarchend auf ihren Pritschen lagen. Als er in ihre Wohnstube trat und zwei leere Whiskyflaschen vor dem Kamin liegen sah, erinnerte er sich an den durchzechten Vorabend. Das ungeduldige Poltern an der Tür durchzuckte schmerzhaft sein Gehirn.

»Ich komm ja schon, verflucht noch mal!« Er öffnete und war nicht schlecht überrascht, als er den alten McAlistaire vor sich sah. Das verschrumpelte Männlein reichte ihm gerade bis zur Brust und trat ohne Aufforderung ins Haus.

»Ich dachte, ich seh bei Ihnen mal nach dem Rechten. Ist ja hübsch nebelig und kühl geworden die letzten Tage. Den Proviant hab ich gleich mitgebracht. Sie müssen ziemlich knapp dran sein, aber Sie haben sich ja zu helfen gewußt.« Er bemerkte die Whiskyflaschen und zwinkerte Bob verschwörerisch zu.

»Wieso ist Sam nicht gleich mitgekommen, Mac?« Bob ließ sich müde auf einen Stuhl fallen. »Mr. Aldington? Ja, aber der war doch gar nicht bei mir. Ist der etwa gestern losgefahren? Wahnsinnig ist er, wahnsinnig. Wenn Ihr Freund die Nacht bei der Hundskälte da draußen war, ist er hinüber.« – »Sie wollen sagen, Sam ist gar nicht bei Ihnen angekommen?« Bob war aufgesprungen und schüttelte den Alten roh an der Schulter. »Los, Mann, laden Sie den Wagen ab, wir müssen ihn suchen!«

Er rannte zu den anderen ins Zimmer. Übernächtigt sprangen sie aus den Betten und zogen sich das Nötigste über. Zehn

Minuten später standen die drei Männer vor der Hütte. Wie hatte die Landschaft sich verändert! Der Nebel war verschwunden, als hätte es ihn nie gegeben. Sie blickten in eine frische, nach Morgen duftende Landschaft. Der See lag tiefblau vor ihnen, und die umliegenden Hügel erstrahlten in einem herrlichen Grün, durchsetzt mit den grauen Flecken des langsam zutage tretenden Felsens. Alles lag friedlich in der Frühlingssonne, und nur die Kälte und Feuchtigkeit der Luft erinnerten an das Wetter der letzten Tage.

Der Alte keuchte noch vor Anstrengung, die Ladefläche des Wagens freigeräumt zu haben, und ein grimmiger Blick auf Bob verriet, daß sie diese Extras noch zusätzlich auf seiner Rechnung würden finden können. Für ihn war diese Eile ohnehin sinnlos. Es gab hier meilenweit keinen Unterschlupf, und es ist noch niemand, der sich im Nebel verirrte, lebend oder gar überhaupt gefunden worden. John und Leo sprangen auf die Ladefläche, und während Bob den Wagen startete, kletterte der Alte zu ihm ins Führerhaus.

Der Boden war feucht und nahezu schwammig, so daß sie die Fährte des Wagens recht gut verfolgen konnten. Sam war demnach schneller als erwartet vom Weg abgekommen, und sie folgten seiner Spur geraume Zeit querfeldein, bis sie auf einer Ebene den Wagen stehen sahen.

»Er hatte kein Benzin mehr.« John versuchte, Sams Wagen zu starten und blickte auf die Tankanzeige. Für diese Feststellung erntete er einen wütenden Seitenblick von Bob.

»An Klamotten hatte er auch nicht viel dabei, allerhöchstens noch einen Pullover.« Mac sah ihn an und schüttelte den Kopf. »Schade um den Jungen, er war für einen Amerikaner wirklich nett.« – »Mac, sind Sie sicher, daß es hier in der Nähe keinen Unterstand gibt? Denken Sie nach, Mann, eine Hütte, einen Schuppen, eine Höhle, irgendwas?« McAlistaire legte seine Stirn in Falten. »Nun, da wäre das Haus der alten Schwestern, das ist vielleicht eine halbe Meile von hier. Aber selbst wenn er es bis dahin geschafft haben sollte, von der Hütte wird jetzt so gut wie nichts mehr übrig sein.« – »O. k., zeigen Sie uns den Weg.« Der Wagen holperte über den unebenen Boden, und nicht weit von der Stelle, wo sie das verlassene Auto fanden, stießen sie auf einen offenbar seit Jahren unbenutzten Pfad. Sie folgten der angegebenen Richtung und sahen nach ein paar Minuten eine verfallene Hütte vor sich auftauchen. Das Dach war halb eingestürzt und setzte den darunterliegenden Innenraum schutzlos der Witterung aus. Moos und schimmeliger Schwamm überwucherte das Holz. Das Ganze war nur wenig davon entfernt, sich in Humus aufzulösen. Schweigend näherten sich die Männer der Ruine. Die Tür war von den verrottenden Angeln gefault und lag zersplittert in dem dahinterliegenden Raum. Sie erkannten Sams Spuren auf dem aufgeweichten Untergrund und den Stellen, wo der Schwamm weggewischt war.

Bob betrat vorsichtig die ehemalige Wohnstube des Hauses, die nun feucht und kalt, von dem eingestürzten Dach fast völlig vergraben, ein Bild der Verwüstung bot.

Inmitten dieses faulenden Chaos saß Sam. Der friedliche Gesichtsausdruck auf seinen bläulich-weißen Zügen wirkte gespenstisch und schien höhnisch dem kalten Zerfall ringsum zu trotzen. Spöttisch umspielten die Strahlen der wärmenden Frühlingssonne sein Gesicht. Die Augen geschlossen lächelte er, und seine Hände umklammerten steif einen verschimmelten Stofffetzen, der um seinen Körper gewickelt war. Er saß vor dem Kamin, gerade so, als meinte er, die kalte Asche könnte ihm Wärme spenden. Man fand keinerlei Anzeichen dafür, daß er versucht hätte, Feuer zu entfachen oder sich sonstwie vor der Kälte zu schützen.

Der Tod Samuel Aldingtons blieb für die Amerikaner unverständlich, zumal man sich nicht erklären konnte, warum er sich nicht in die dahinterliegende, etwas besser geschützte Küche zurückgezogen hatte, anstatt vor dem kalten Kamin ungeschützt auszuharren und gleichsam auf den Tod zu warten. Man erklärte es später mit dem vor dem Kältetod einsetzenden Delirium.

Mac, der alte Schotte, erlangte allerdings mit einer wirren Gespenstergeschichte, die er nach ein paar Gläsern Schnaps jedem unaufgefordert erzählte, verschrobene Berühmtheit. Er war davon überzeugt, daß die beiden Schwestern Rose und Elsa

McFarlane nach ihrem grausigen Tod in ihrem alten Haus spuken und nach Opfern suchen würden, die dasselbe Schicksal erleiden sollten wie sie einst.

Er, Donald McAlistaire, war es nämlich, der sie vor einem halben Jahrhundert in ihrem Haus fand. Sie saßen erfroren vor ihrem Kamin. Es war ein ungewöhnlich kalter und nebliger Frühling.

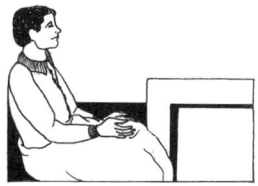

Franz Severin Berger

Der Schwalbe Gruß

*D*ie vierteljährliche Konferenz der österreichischen Jahres-
zeiten war termingerecht einberufen worden und fast routi-
nemäßig verlaufen. Nach Austausch der üblichen Höflichkeiten,
Abhaltung üppiger Festessen, gegenseitiger Verleihung hoher
und mittlerer Auszeichnungen und Orden an verdiente hohe und
mittlere Mitarbeiterinnen und Mitarbeiter und sonstige Delega-
tionsmitglieder in den Konferenzteams der vier Jahresoberhäup-
ter war es dann so weit.

Alsdann, Leutln, es war mir ein eisiges Vergnügen«, sagte der
Winter, ein gemütlicher Herr in einem Trachtenanzug, geschmückt mit dem »Großen Tourismusorden am goldenen Lift«,
»i derf mi jetzt auf meinen Privatgletscher zurückziehen. Falls
was is, rufts halt mein Sekretariat in der Eisfabrik an, i komm gern
einmal auf a Sprüngerl zurück, gell, Kollegen, es war sehr glatt,
es hat mich sehr gefreut!« Und er schüttelte dem nächsten Re-
gierenden, dem Frühling, freundlichst die Rechte, nickte dem rot-
gesichtigen, hitzköpfigen Sommer etwas distanziert zu und winkte dem Herbst, der hinter seiner dicken Hornbrille lustige Augen
hatte, aber gedankenverloren ständig landwirtschaftliche Silos
auf seinen Konferenzblock kraxelte. »Mir sehn uns dann ja später, baba ...!« Der Winter setzte seinen innengekühlten Gams-
barthut auf, unter dem er wie ein alter Burgschauspieler aussah,
der sich auf Heimatfilme spezialisiert hatte, zwirbelte den weißen
Schnauzbart und eilte zu seinem noblen Dienstschlitten. Bis

Ende des Jahres würde er sehr zurückgezogen in den Alpen leben, sich nur mit den Bergsteigern unterhalten und sich unter zeitweiligem Lawinendrohen über die lauten und lästigen Gletscherschifahrer ärgern.

Der Frühling, ein Bursche Ende zwanzig, der eitel genug war zu behaupten, er sähe Robert Redford in seiner besten Zeit ähnlich, nahm die Hand aus dem Mund und schüttelte die Finger. Denn so jovial der Winter auch tat, sein Händedruck war hart und vor allem eiskalt. »Meine Herren«, meinte der Frühling im glatten Ton eines Yuppie-Managers, »dann werden wir halt an die Arbeit gehen.« Und er verabschiedete den Sommer und den Herbst, nicht ohne sich noch lange die fast abgefrorenen Finger der rechten Hand zu massieren. Dann zog er im Chefbüro des Jahreszeitlichen Regierungsgebäudes ein und hielt seine erste Arbeitssitzung ab. Wald- und Flurbeauftragte, zwei Oberblühräte, die Referenten für Boden- und Lufttemperatur usw., usw. drängten sich um den grünen Konferenztisch und raschelten geschäftig mit Papieren, Akten und Unterlagen. Selbstverständlich waren sie alle reine Geistwesen, aber warum sollten sie ihren wichtigen Aufgaben in der Natur nicht mit demselben Fleiß und der pragmatischen Akribie und Genauigkeit nachgehen wie alle anderen österreichischen Beamten. Abgesehen von der Frühjahrsmüdigkeit, die nur menschlichen Beamten zustand.

Der Frühling übernahm soeben dynamisch den Vorsitz, ihm zur Seite saß seine erste Assistentin, die Frühlingsfee, eine tüchtige Oberelfe mit langjähriger Erfahrung, veilchenblauen Augen und primelgelbem Haar. Und alle waren total überrascht, als plötzlich – natürlich von Zauberhand – einige technische Geräte auf dem Tisch standen. Vor allem ein großer Bildschirm und ein Keyboard, auf dem der Frühling sofort herumzuhacken begann. »Liebe Elementargeister und Grünkräfte«, verkündete er mit innovativem Charme, »auch wir müssen mit der Zeit gehen, uns den Erfordernissen der Rationalisierung anpassen, Arbeitskräfte einsparen. Mit einem Wort, während der letzten drei Quartale habe ich von einer großen und berühmten Beratungsfirma – McGreensay & Co. –

unseren Betrieb computerisieren lassen. Jetzt ist unsere schöne Jahreszeit voll programmiert, hier in diesem Rechner. Über Bildschirm kann jedes Programm abgerufen und umgesetzt werden, nichts wird mehr vergessen, alles blüht und bewegt sich, mit einem Wort – blumensuperturbogeil!« Gewaltiges Raunen erhob sich unter den Geistern, es gab spontan begeisterte, aber auch skeptische und natürlich auch ablehnende Stimmen. Die Frühlingsfee war still geblieben. Sie kannte ihren Chef. Wenn der sich etwas einbildete, dann wischte er jede Kritik beiseite und war jedem Einwand unzugänglich. Sie glaubte nicht daran, daß sich der Ablauf der Jahreszeit so leicht über einen Computer steuern ließ, sagte aber vorerst nichts. Der Frühling schwelgte und schwärmte in Megabytes, Hardware und Software, RAMs und ROMs und anderem Fachchinesisch, daß allen guten Geistern Hören und Sehen verging und zuletzt nur mehr mit offenen Mündern auf den großen Bildschirm glotzten, auf dem – entsprechend den Ein- und Angaben des zentralen Wetteramts – alle Blühtermine, das Waldbegrünungsprogramm, die Keimzeiten aller Wiesenpflanzen, mit einem Wort alles, was bis jetzt per Einzelbeschwörung und durch persönliche Betreuung vieler Fachkräfte erledigt worden war, vollautomatisch ablaufen sollte. Wir werden ja sehen, dachte die Frühlingsfee bei sich, wir werden sehen, ob das gut geht. Vor allem nahm sie sich vor, besonders aufmerksam alles zu überwachen und draußen in der Natur zu kontrollieren.

Die ersten Wochen der Frühlingszeit vergingen. Täglich wurde der Zentralcomputer befragt, was zu geschehen habe. Und was der Bildschirm anzeigte – und auch von einem Drucker in langen Papierfahnen ausgespuckt wurde –, das ging zur Verwirklichung zu den Fachgeistern der jeweiligen jahreszeitlichen Amtsabteilung und wurde durchgeführt. Eigentlich, dachte die Frühlingsfee nach dieser ersten Zeit, eigentlich funktioniert alles ganz gut. Allerdings hätten wir das auch ohne EDV zusammengebracht, nur sowas darf man halt nicht laut sagen, sonst explodiert der Chef, der in seinen Computer richtig vernarrt ist und behauptet, eine »neue Dimension in die Natur« eingebracht zu haben. Plötzlich aber fiel ihr etwas auf. Das heißt, es fehlte ihr etwas. Sie blinzelte in den Himmel, horchte in die Büsche und

Baumkronen, dachte angestrengt nach, und griff sich plötzlich erschrocken an den Kopf: Die Zugvögel fehlten! Die Schwalben, die Mauersegler, die Störche, sie waren noch nicht zurück, und es war doch schon höchste Zeit! Sie eilte ins Chefbüro. Der Frühling saß vergnügt vor dem Bildschirm und gestaltete im Textprogramm des Computers die schönsten Hochzeitsbilletts in den erlesensten Schriften und mit zierlichen Bildern. Das war sein Lieblingshobby. Schließlich war in seinem Zeitraum auch bei Eheschließungen ein traditioneller Boom, besonders im Mai.

»Chef«, sagte die Frühlingsfee leicht erhitzt, »ich glaube, wir haben ein Problem.«

»Nicht jetzt, liebste Kollegin, ich bin mitten in meiner kreativen Phase ... na, ist das ein Entwurf? Ich bin doch wirklich ein Künstler!« Der Frühling blickte nicht von seinem Bildschirm auf.

»Aber die Vögel ...!« Die Fee schnappte nach Luft.

»Was ist mit den Vögeln?« Der Frühling wurde ärgerlich. »Sind doch alle gesund, putzmunter und zwitscherfidel, die Flattermänner. Man kann in der Früh kaum ausschlafen, die krakeelen schon um halb vier Uhr am Morgen!«

Die Frühlingsfee setzte ihm die Sache mit den Zugvögeln auseinander.

»Kein Problem, das muß ja im Computer programmiert sein. Schauen wir einmal im Hauptprogramm nach ... «

Der Frühling gab als Suchwort »Zugvögel« ein und lehnte sich bequem in seinem Moosledersuperchefdrehstuhl zurück. Am Bildschirm erschien eine Antwort: *Die Österreichischen Bundesbahnen schreiben für den Transport von Vögeln im Zug geeignete Transportkäfige vor. Der Aufenthalt von Raubvögeln ohne Begleitpersonen ist in Personenabteilen nicht gestattet ... usw.* Die Fee wußte nicht, wie sie das Lachen verbergen sollte, der Frühling bekam einen roten Kopf und fuhrwerkte weiter am Keyboard herum. »Wo sind diese verd ... Zugvögel ...?« Aber es zwar zwecklos, nach einer Viertelstunde mußte er vor sich selbst und seiner Chefassistentin zugeben, daß die Zugvögel im Hauptprogramm des »Frühlingsdurchführungsmodus« (FRÜDUMO) nicht bekannt waren. Ein Programmierfehler? Ein Computervirus? Gleichgültig, es war eine Katastrophe!

Der Frühling sah plötzlich nicht mehr wie Robert Redford in seiner besten Zeit aus, sondern allenfalls wie dessen Großvater, denn ihm war klar, was passierte, wenn die Zugvögel nicht zurückkamen. Kollege Sommer würde verrückt werden, denn die Mückenplage ohne mückenverzehrende Schwalben würde alle zum Wahnsinn treiben. Und der Sommer war ja als hitzköpfig bekannt. Wenn der explodierte, gab es ein Unwetter mit Blitz und Hagel, Erdrutsch und Vermurungen. Nicht auszudenken! Und erst die Störche! Ohne Störche keine burgenländischen Ansichtskarten, abgesehen von der Froschplage und dem -lärm in den Feuchtbiotopen. Und überhaupt, die Blamage! Er hatte nämlich heimlich damit gerechnet, bei vollem Erfolg seines elektronisch gesteuerten Quartals den Auftrag für die komplette EDV-Programmierung des ganzen Jahres vermitteln zu können, was ihm fette Provisionen von McGreensay eingebracht hätte. Jetzt aber schienen ihm die Felle davonzuschwimmen, besser gesagt die Schwalben wegzubleiben. Die Menschen, dachte er, haben doch recht, wenn sie daran glauben, daß sie im Jahr nur Glück haben, wenn die Schwalben zurückkommen und wieder bei ihnen Quartier nehmen. Heilige Datei, was war jetzt zu tun?

Die Frühlingsfee dachte praktisch. »Gut, dann nach alter Vorgehensweise. Wir bitten über das Büro des Winters, daß der Nordwind eine Nachricht zum Mittelmeer bringt, die dann von den Meeresbrisen nach Nordafrika weitergeleitet wird. Dann machen sich die Schwalben auf den Weg. Die Störche erreichen wir ebenso in Ägypten, sie ziehen sicher wieder über den Nahen Osten und über die Türkei vom Südosten herauf. Wenn wir uns beeilen, dann kommen sie noch rechtzeitig und bleiben nicht im Süden. Die Kuckucke, die Bachstelzen, die Baumpieper und alle anderen erreichen wir mit dem Brieftauben-Einsatzgeschwader oder mit dem Mauersegler-Eilbotendienst . . .« Sie griff zum grünen Telefon, der Direktleitung zu den Jahreszeitbotschaften, und wollte schon mit 01 den Winter anwählen (leicht zu merken, der Sommer hatte 03, der Herbst 04, die Frühlingsamtsklappe war also . . . 02! Richtig, gut mitgedacht!), da kam urplötzlich durchs offene Fenster ein pfeilschneller, blauschwarzer Schatten mit kleinen Frackschwänzen geflogen, zog im Raum eine akrobatische Flugkurve und landete elegant und mühelos auf der Hand der Frühlingsfee.

»Hallo!« sagte die Rauschwalbe mit frischer Stimme, als käme sie bloß von nebenan. »Wollte nur kurz vorbeischauen, bevor wir alle zu unseren Brutstätten weiterfliegen. Haben nichts von euch gehört, Freunde. Was war los? Wollte der alte Herr Winter nicht abziehen?«

»Ja, äh, nein, also wo kommt ihr denn so von selbst daher, ich meine, schön dich zu sehen, wie war der Flug ...?« Der Frühling war so verblüfft, daß er herumstammelte.

»Wir haben uns von selbst auf den Weg gemacht, Chef. Wir wissen doch von alleine, wann die Termine für die große Reise günstig sind. Übrigens, die Adebare, die sind auch schon unterwegs. Habe einige von den Langbeinern über Zypern gesehen. Warten noch auf eine gute Höhenströmung für ihren Segelflug, werden aber in zwei, drei Tagen da sein. He, Frühling, alter Kumpel, was guckst du so? Noch nie eine Schwalbe gesehen, die ihren Kalender und ihren Kompaß im Kopf hat!?« Die Frühlingsfee schaute zum Fenster hinaus, in den blitzblauen Himmel, durch den unzählige kleine Flugakrobaten kurvten. Ihre Rufe und ihr Gesang ließen Menschen und Tiere die Köpfe heben.

»Die Schwalben sind da!« freuten sich die Kinder, die Stalltiere in den Bauernhöfen; sogar die Hauskatzen, die sich in der Sonne wärmten, hoben die Köpfe. Nicht ohne Hintergedanken, zugegeben, aber diese schnellen Flieger zu fangen, das wußten sie schon, das war völlig aussichtslos.

»Aber sie bringen Glück für gute Mäusejagd!« belehrte eine erfahrene Mieze ihren noch tapsigen Kleinkatzling.

Mit einem hellen Jubelruf war der gefiederte Bote wieder aus dem Fenster hinaus und zu den Seinen hinauf in den Sonnenschein geflogen. Am Bildschirm des Supercomputers, der dümmlich vor sich hinflimmerte, war quer über die Glasscheibe ein unverwechselbarer Klecks zu sehen.

»Der Schwalbe Gruß«, dachte die Frühlingsfee und konnte über die derart sichtbare Tatsache, daß die Natur noch immer stärker war als alle noch so kluge Elektronik, so frei und herzlich lachen, daß ihr zuletzt die Tränen über die Wangen liefen.

»Merkwürdiges Wetter«, schimpften ein paar Passanten auf der Straße, »Regenschauer bei hellem Sonnenschein. Man könnte meinen, es wäre noch April!«

Nachwort

Vor fast zehn Jahren erschien im Wilhelm Heyne Verlag der erste Sammelband mit poetischen Texten mehr oder weniger bekannter Autoren. Die Anthologien haben heute ihre Leserschaft gefunden, und sie geben Schreibenden die Möglichkeit, ihr Werk einer breiten Öffentlichkeit vorzustellen. Ich danke den Autorinnen und Autoren sowie dem Verlag für ihre Mitarbeit und ihr Engagement.

In diesem Buch mit dem poetischen Titel *Regenbogen der Gefühle* bemühte ich mich – wie in meinen vorangegangenen Bänden – eine ausgewogene und vielseitige Textauswahl zu treffen. Dabei haben Erzählungen, Fabeln, moderne Märchen unserer Zeit, Science-fiction- und Gruselgeschichten gleichrangig ihren Platz nebeneinander gefunden. Aktuelle Themen unseres Alltags – Hektik und Kurzlebigkeit, die Situation Behinderter und Ausländerfeindlichkeit – waren mir ebenso wichtig wie die Darstellung menschlicher Gefühle – vor allem der Liebe –, aber auch (allzu) menschlicher Eigenschaften wie Einsamkeit und Habsucht.

Ich wünsche mir, mit der Kombination amüsant-heiterer und tiefsinnig-nachdenklicher Texte eine geeignete Auswahl getroffen und den Leserinnen und Lesern mit meinem Buch eine kleine Freude bereitet zu haben.

DIE AUTOREN

Ahrendt, Peter, geb. 1940, Konzernbetriebsprüfer, lebt in Norderstedt bei Hamburg.

Barth, Nicola, lebt im hessischen Langen.

Berger, Franz Severin, geb. 1945, Fachingenieur, später Studium der Ethnologie, freier Autor für Bühne und Hörfunk, Schauspieler und Regisseur, lebt im österreichischen Bisamberg.

Bergmann, Peter, geb. 1956, Bankangestellter, lebt in Salzburg.

Burgas, Peter (Pseudonym), geb. 1963, freier Autor, Maler, Verleger und Buchhändler in Mannheim.

Dräger, Michael, geb. 1966, befindet sich in einer Ausbildung zum Religionslehrer, lebt in Wien.

Großer, Barbara, geb. 1972, Erzieherin, lebt in Starnberg.

Günster, Margit, geb. 1963, arbeitet als staatlich geprüfte Meisterin der städtischen Hauswirtschaft in einer Krankenhaus-Großküche, lebt in Boden/Westerwald.

Hiller, Frank, geb. 1971, Student der Mineralogie und Werkstoffwissenschaften in Berlin.

Jatzek, Gerald, geb. 1956, lebt in Wien als Schriftsteller, Journalist und Musiker.

Kaip, Günther, geb. 1960, freier Autor, lebt in Maria Anzbach bei Wien.

Kautz, Verena, geb. 1976, Studentin der Philologie und Theaterwissenschaften, lebt im österreichischen Maiersdorf.

Lauscher, Elvira, lebt in Ulm.

Lohmann, Alexander, lebt in Leverkusen.

Mayinger, Hans F., geb. 1925, Verlagskaufmann im Ruhestand, lebt in Altenmünster bei Augsburg.

Methfessel, Inge, geb. 1924, Studium der Medizin in Prag und Halle/Saale, lebt in Witten.

Nowiasz-Otten, Birgit, lebt in Herne.

Radzuweit, Ralf, geb. 1964, kaufmännischer Angestellter, lebt in Neumünster.

Schiffinger, Maria, geb. 1948, Geschäftsfrau im familieneigenen Unternehmen in Krems/Österreich, wo sie auch lebt.

Stoyke, Sinje , geb. 1970, wissenschaftliche Hilfskraft für Vorderasiatische Archäologie an der Universität Halle/Wittenberg.

Stryjewski, Ulrich, lebt in einem Dorf bei Peine/Niedersachsen.

Tannert, Elmar, geb. 1964, diverse Jobs, derzeit Nachtkassierer an einer Tankstelle, lebt in Nürnberg.